Für Nienke und Loeka
Ab in den Urlaub!

Konzept und Text: Johan Idema (www.johanidema.net)
Gestaltung: Thomas de Bruin, Studio Lomox

Übersetzung aus dem Englischen:
Bettina Eschenhagen, Hildesheim
Lektorat: hauffe publishing, Dortmund
Satz: Igor Divis, Dortmund
Projektleitung: hauffe publishing, Dortmund

ISBN: 978-3-96244-107-4
1. Auflage 2020
Hergestellt in Litauen

BIS Publishers
Für Laurence King Verlag GmbH
Jablonskistraße 27
10405 Berlin
www.laurencekingverlag.de

Johan Idema

RICHTIG REISEN – MEHR ERLEBEN

Tipps für einen nachhaltigen Tourismus

Aus dem Englischen
von Bettina Eschenhagen

BEIM REISEN ZÄHLT
VOR ALLEM HALTUNG –
NEUGIER: DER HUNGER
NACH ERFAHRUNG.

PAVILLON RICHELIEU

SO WIE DIE STEIGENDEN WASSERSTÄNDE DER OZEANE ÜBERFLUTET EIN TOURISTEN-TSUNAMI UNSEREN PLANETEN.

AUS EINEM PRIVILEG, UM DAS MAN EINST KÄMPFEN MUSSTE, IST HEUTE EIN KONSUMARTIKEL GEWORDEN.

DIE SOUVENIRINDUSTRIE SETZT NACH WIE VOR AUF KITSCHIGE WEGWERF-ARTIKEL.

/zizii5tm

OURIS

LS

THE CIT

WAS, WENN REISEN NICHT SO HARMLOS IST, WIE ES AUF DEN ERSTEN BLICK ERSCHEINT?

VERREISEN IST MENSCHLICH.
ES GEHT DARUM, DIE ÜBLICHEN
ROUTINEN UND VERHALTENS-
WEISEN ABZULEGEN.

INHALT

INHALT

EIN FRISCHER BLICK AUFS REISEN

The problem of leisure
What to do for pleasure
– Gang of Four

Urlaub macht man freiwillig. Vollkommen freiwillig. In unserem trubeligen Leben voller Pflichten sind Urlaube die einzige Zeit, in der wir tun können, was wir wo auch immer tun wollen. Warum machen wir dann in dieser kostbaren Auszeit alle genau das Gleiche? Besuchen in Massen dieselben Städte, dieselben Sehenswürdigkeiten und dieselben pittoresken Viertel, die diesem Ansturm gar nicht gewachsen sind?

Liegt es daran, dass wir von unseren Urlauben alle das Gleiche erwarten? Vielleicht. Oder daran, dass wir ständig darüber nachdenken, wie wir anders reisen könnten? Vielleicht auch das. Wir können tatsächlich anders reisen, und dazu will dieses Buch ermutigen. Denn was hast du davon, wenn sich deine Urlaube kaum noch voneinander unterscheiden? Was, wenn Reisen nicht so harmlos ist, wie es auf den ersten Blick erscheint? Was, wenn dein umfangreiches Pflichtprogramm dich nur stresst? Der Schriftsteller Elbert Hubbard brachte das so auf den Punkt: „Keiner hat einen Urlaub so nötig wie der, der gerade einen hinter sich hat." *Richtig reisen* ist voll neuer Ideen für einen spannenderen und nachhaltigeren Urlaub.

Eine kurze Geschichte des Reisens

Seit es Menschen gibt, reisen sie. Reine Vergnügungsreisen kamen allerdings erst im 17. Jahrhundert auf. Damals entdeckten wohlhabende junge Männer in Europa Reisen als eine Form des Luxus und der persönlichen Weiterentwicklung für sich. Bis weit ins 19. Jahrhundert hinein gehörte in diesen Kreisen die Bildungsreise nach Frankreich und Italien, zu den Wurzeln der westlichen Kunst- und Kulturtradition, dazu. Erst viel später, Mitte des 20. Jahrhunderts, wurden Urlaube auch für die arbeitenden Schichten der westlichen Welt erschwinglich. Sie entschädigten für die Entbehrungen des Alltags; eine Konsum-Mentalität kam auf. So blieb es das restliche 20. Jahrhundert über, bis der Tourismus Anfang des 21. lawinenartig anschwoll. Die Flugticketpreise fielen dramatisch, die Reisen führten zunehmend weiter weg, und immer mehr und immer größere Touristengruppen kamen hinzu, vor allem die neue asiatische Mittelschicht: Der Massentourismus war geboren.

Die Scheuklappen ablegen

Unverändert geblieben sind die Beweggründe fürs Reisen: Wir wollen vor allem neue Eindrücke, Anregungen und Einsichten gewinnen. Oder, wie die Philosophie-Professorin Marli Huijer schreibt: „Wir erzählen seit Jahrtausenden von Helden, die in die Welt hinausziehen, fantastische Dinge entdecken und mit wunderbaren Geschichten heimkehren. War das einst nur Odysseus oder Äneas möglich, können wir heute alle reisen und ihre Heldenreisen nachvollziehen. Auch wir müssen unseren Horizont überschreiten: Dort warten die Abenteuer, die unseren engen Blick weiten. Wir glauben, dass dich das zu einem besseren Menschen macht."

Das Hochgefühl, das Urlaube in uns auslösen können, macht sie zu einer kostbaren Kraftquelle. Der griechische Philosoph Aristoteles betrachtete Muße als unsere vordringlichste Pflicht, die es uns ermögliche, ohne Zwänge über unser Leben nachzudenken. In Anbetracht der Zeit und des Geldes, die wir für Reisen aufwenden, ist es aber wohl eher so, dass diese für uns die vordringlichste Form der Muße darstellen.

Tourismus als Selbstbefriedigung

Die Frage ist, ob wir diese Pflicht ernst genug nehmen. Wir reisen in immer weiter entfernte Länder, erwarten zugleich aber immer mehr Annehmlichkeiten und Spaß. Wir verreisen immer häufiger, aber unsere Urlaube ähneln einander (deswegen?) mehr und mehr. Aus einem Privileg, um das man einst kämpfen musste, ist heute ein Konsumartikel geworden: wie eine Packung Milch, die wir gedankenlos aus dem Regal nehmen.

Andererseits befrachten wir unsere Reisen mit immer höheren Erwartungen. Das erzeugt viel Stress, ob bei der Planung, dem Erledigen der letzten Aufgaben und dem Packen oder, vor Ort, durch die Schlangen, die überfüllten Außenbereiche oder das schlechte Wetter. Bei unserer Rückkehr erwartet uns dann der Stress des überfüllten E-Mail-Postfachs. Ist es nicht merkwürdig, dass sich heute die meisten Herzinfarkte und Burn-outs im Urlaub und in den drei Wochen danach ereignen? Aus dem Grund hält Professor Ad Vingerhoets den Nutzen von Urlauben für immens überschätzt. „Viele sind im Urlaub total überfordert. Sie halsen sich etliche Sehenswürdigkeiten und Aktivitäten auf, was zu Stress führt. Ich nenne das ‚Tourismus als Selbstbefriedigung'. Der erschöpfte Körper kommt nicht klar mit der Kombination aus Zwangsentspannung und den Reizen der unbekannten Umgebung."

Aus den Fugen geraten

Weltweit summieren sich all die Reisen, die wir uns erlauben, zu einer Wahnsinnsmenge. So wie die steigenden Wasserstände der Ozeane überflutet ein Touristen-Tsunami unseren Planeten. Sowohl das Ausmaß des Massentourismus als auch dessen Oberflächlichkeit wachsen sich zu einem globalen

Problem aus. Vielerorts brodelt es unter der Oberfläche. Ortsansässige wehren sich dagegen, dass ihre Städte sich in Vergnügungsparks verwandeln, und stellen Schilder mit der Aufschrift „Touristen, haut ab!“ auf. Manche Städte in Europa versuchen, die Menschenströme zu regulieren. Niemand lehnt den Tourismus als solchen ab, jeder weiß, dass er ein Wirtschaftssektor ist, der den Wohlstand spürbar anheben kann. Wir wollen aber, dass er nachhaltiger wird, denn zweifellos gerät er leicht aus den Fugen. „Der Tourismus ist voll negativer externer Effekte“, sagt der Wirtschaftsexperte Frank Kalfshoven. „Sowohl während der Anreise als auch während des Aufenthalts fügen Touristen wie wir Menschen Schaden zu, die mit unseren Urlauben nichts zu tun haben. Sie haben nichts von uns, sind aber von uns betroffen.“

Ein bisschen Poesie

Kurz, jeder, der Augen hat zu sehen, wie wir unsere Urlaube angehen, stößt auf überraschende und beunruhigende Phänomene. Unsere Reisen scheinen in einer Endlosschleife ohne Pausentaste festzustecken. Wenn diese Thematik dich interessiert, liegst du mit diesem Buch richtig. *Richtig reisen – mehr erleben* ermutigt dich dazu, deine Reisen stärker zu reflektieren, Alternativen auszuprobieren und so mehr aus deinen Reisen herauszuholen. Wir meinen: Verreisen ist menschlich. Es geht darum, die üblichen Routinen und Verhaltensweisen abzulegen – Angewohnheiten, die du, wenn du nicht aufpasst, in den Urlaub mitnimmst.

Finde heraus, warum du möglicherweise lieber zu Hause bleiben solltest. Erfahre, warum Arbeit und Urlaub eine gute Kombination sein können. Lies, weswegen Touristen Supermärkte und Wohngebiete besuchen sollten. Unser typisches Urlaubsverhalten – in kürzester Zeit möglichst viele Sehenswürdigkeiten besichtigen – ist nicht das nutzbringendste. *Richtig reisen – mehr erleben* zeigt ein paar Alternativen auf. „Es geht nicht mehr darum, möglichst oft möglichst weit weg zu reisen“, formuliert ein Reiseanbieter, „sondern dem eigenen Urlaub ein bisschen Poesie zu verleihen.“ Dieses Buch konzentriert sich auf den Sinn des Reisens: Entdeckungen, Anregungen, Abwechslung, Achtsamkeit und Weiterentwicklung. Seine Tipps sind leicht umsetzbar und zielen auf Veränderung. Viele sind praktischer Art und drehen sich um Fragen des Verhaltens; in anderen geht es um neue Denkansätze und Einstellungen, die auch auf Reisen nützlich sind.

Heißt besser auch grüner?

Richtig reisen hilft dir dabei, so viel wie möglich von deinem Urlaub zu haben, ohne deinem Reiseziel Schaden zuzufügen. Heißt das, dass bessere Touristen auch grünere Touristen sind? So einfach ist es nicht, denn natürlich verringern Reisen deinen ökologischen Fußabdruck nicht – dafür müsstest du zu Hause bleiben. Hier geht es mehr darum, wie du auf Reisen nachhaltiger handeln, deinen Trip also zu einem wertvollen, anregenden und unvergesslichen Erlebnis machen kannst. Die Optionen für einen solchen Urlaub erweisen sich aber oft als die grüneren, die dem jeweiligen Reiseziel weniger Schaden zufügen. Beim Lesen dieses Buches wirst du dich auf jeden Fall fragen, ob all die Urlaubsflüge wirklich nötig sind.

WIE DIESES BUCH GEDACHT IST

Ein Urlaub wird nicht dadurch lohnend, dass du eine einzelne Sache richtig machst. Vielmehr geht es darum, vieles anders zu machen. Daher wurde dieses Buch nicht als durchgehender Text geschrieben, den du von Anfang bis Ende durchlesen solltest. Du findest darin stattdessen 28 Vorschläge – oder, wenn du so willst: Strategien –, die dir dabei helfen, deinem Urlaub mehr Sinn zu verleihen.

Jeder Vorschlag soll dich dazu anregen oder herausfordern, dein bisheriges Verhalten zu bewerten und alternative Verhaltensweisen auszuprobieren. Manche Tipps beziehen sich auf das Verhalten vor Ort, andere auf die Urlaubsplanung oder die Rückkehr in den Alltag. Lies sie einfach in der Reihenfolge deiner Wahl.

RICHTIG

MEHR

REISEN ERLEBEN

TIPPS FÜR EINEN NACHHALTIGEN TOURISMUS

1 WEITERENTWICKLUNG DURCH DAHEIMBLEIBEN

DER PERFEKTE URLAUB ZU HAUSE

Du willst also ein besserer Tourist werden? Dann fange damit am besten zu Hause an. Urlaub scheint gleichbedeutend zu sein mit weit entfernten Reisezielen, aber beim Reisen zählt vor allem Haltung – Neugier, der Hunger nach Erfahrung. Und den kannst du überall stillen. Wer besser reisen will, macht also erst einmal zu Hause Urlaub, wofür es im Englischen inzwischen die Begriffe *staycation* und *holistay* gibt. →

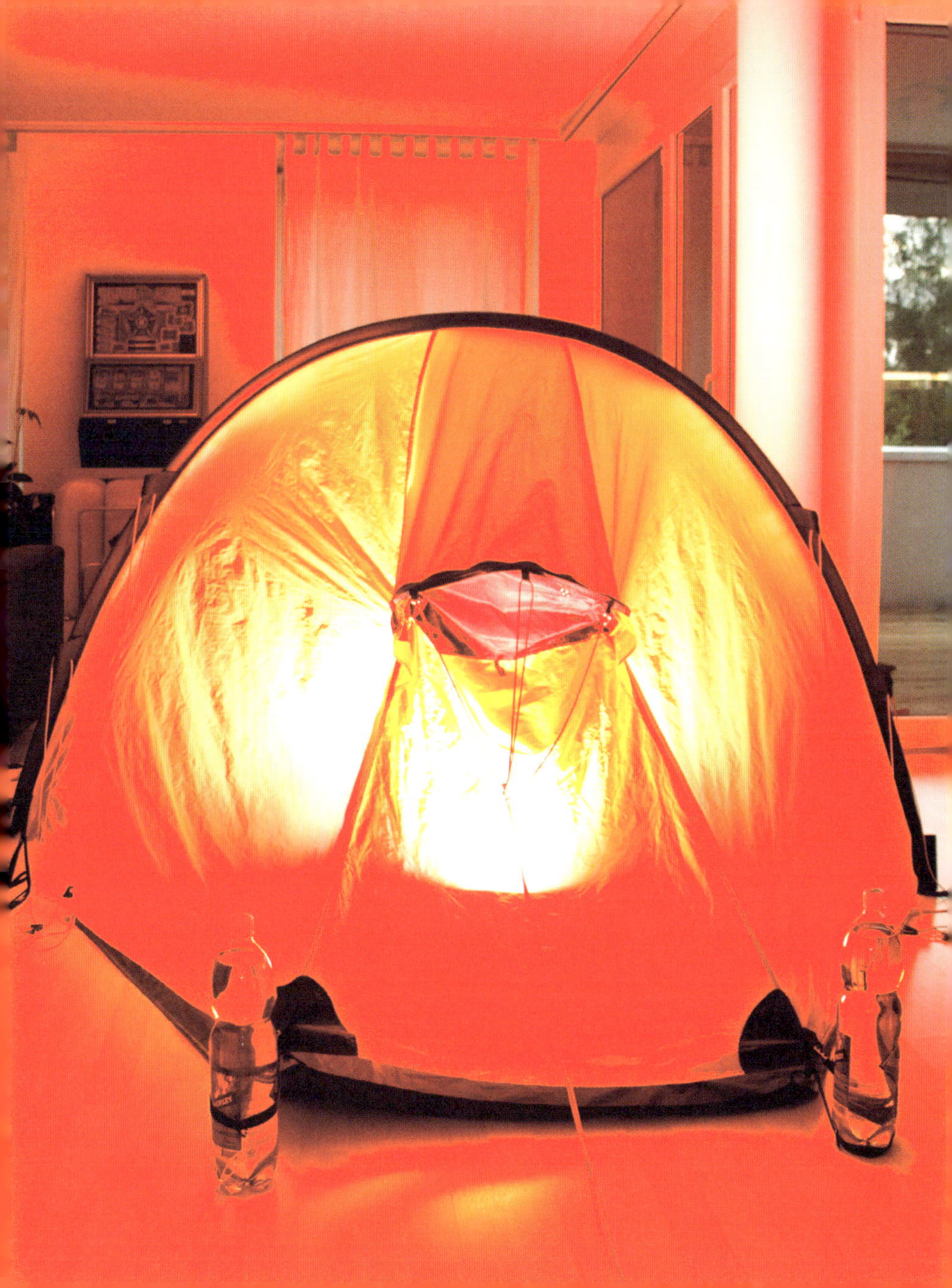

1 WEITERENTWICKLUNG DURCH DAHEIMBLEIBEN

Keine Hektik in Flughäfen, keine verstopften Straßen und lauten Hotelgäste – mit einem Holistay vermeidest du die Schattenseiten des Massentourismus. Samt zugehörigem Stress. Denn wie der Tourismusexperte Greg Richards sagt: „Je alltäglicher das Reisen wird, desto größer wird der Stress." Ein Staycation, in dem du frei bist vom Druck des touristischen Pflichtprogramms, zwingt dich, einmal gründlich über deine Auffassung von Urlaub nachzudenken.

Für manche bedeutet Urlaub, nichts tun zu müssen. „Sobald ich etwas als Muss empfinde, halte ich inne, egal worum es sich handelt", schrieb ein Reiseschriftsteller. „Ich akzeptiere dieses Gefühl einfach nicht. Es macht mich unfrei." Das Geheimnis eines erfolgreichen Urlaubs zu Hause ist in erster Linie, auf Alltagsroutinen zu verzichten. Bringst du die erforderliche Disziplin auf, wird dein Staycation etwas ganz anderes, Neues. Wie das gelingen kann, ist individuell verschieden – traue dich und sei kreativ! Überlasse jemand anderem das Waschen und Putzen. Bitte einen Freund, dich zu bekochen. Zelte im eigenen Garten. Oder (so der Rat eines Innenarchitekten) mache aus deinem Schlafraum ein Hotelzimmer, einschließlich neuer Bettwäsche und Blütenblätter.

EIN STAYCATION ZWINGT DICH, EINMAL GRÜNDLICH ÜBER DEINE AUFFASSUNG VON URLAUB NACHZUDENKEN.

WER ZU HAUSE URLAUB MACHT, MERKT, WIE WICHTIG ABWECHS-LUNG IST UND WIE KREATIV BESCHRÄNKUNG MACHT.

Bedeutet Staycation, dass man im Haus bleiben muss? Kein bisschen! Sei Tourist in der eigenen Stadt und besuche endlich einige der Attraktionen in der Umgebung, an denen du seit Jahren achtlos vorbeifährst. Suche sie dir gezielt aus, schließlich beeindrucken uns Dinge im Urlaub oft, weil wir uns Zeit genommen haben für sie. Proust hat es so gesagt: „Die besten Entdeckungsreisen macht man nicht in fremden Ländern, sondern indem man die Welt mit neuen Augen betrachtet."

Findest du immer noch, dass Holistays langweilig oder etwas für Loser sind, probier's doch einfach mal aus! Ein einziger Urlaub zu Hause zwischen lauter Reisen in exotische Länder kann nicht schaden. Natürlich bilden auch Fernreisen. Aber wer zu Hause Urlaub macht, merkt mehr als jeder andere, wie wichtig Abwechslung ist und wie kreativ Beschränkung macht. Hast du erst den Dreh raus, verschafft dir ein Holistay wertvolle Erkenntnisse, die du beim nächsten üblichen Urlaub mit an Bord nimmst.

BANGKOK
CHAO PHRAYA RIVER
Guide book
Bangkok
TRAVEL
Bangkok is the capital and most populous city of Thailand
Maps + Guide

2 WARUM MAN SICH AUF EINE REISE EINSTELLEN SOLLTE

VORFREUDE

„Tja“, sagte Pu, „was ich am liebsten tue ...“ Und dann musste er innehalten und nachdenken. Denn obwohl Honigessen etwas sehr Gutes war, was man tun konnte, gab es doch einen Augenblick, kurz bevor man anfing den Honig zu essen, der noch besser war als das Essen, aber er wusste nicht, wie der hieß.“
– A.A. Milne, Schriftsteller

Wenn du ein besserer Tourist sein willst, mache dir klar, dass Vorfreude schon das halbe Vergnügen ist. Studien belegen, dass wir in den acht Wochen vor dem Aufbruch oft glücklicher sind als im Urlaub selbst. Die Befragung von 1.500 Menschen ergab, dass einen Urlaub planen und an ihn denken mehr Freude bereiten kann als der eigentliche Aufenthalt. Vorfreude ist die halbe Miete. Du kannst einen tollen Urlaub also schon vor deiner Ankunft am Ziel genießen. Wie kommt das? Wenn wir uns auf etwas freuen, entwickeln wir positive Erwartungen, und unser Körper schüttet die gleichen Glückshormone aus wie während des Ereignisses selbst. Wir kennen das aus anderen Situationen. Das Stück Schokoladenkuchen, das du dir für den nächsten Tag aufsparst, schmeckt noch mal so gut.

Weltmeister in Sachen Vorfreude sind Kinder. Wenn sie sich ein vor ihnen liegendes Erlebnis ausmalen, spielt ihre Fantasie regelrecht verrückt. Wir Erwachsene müssen uns den Trick erst wieder aneignen. Aber Übung macht den Meister: Hast du den Bogen raus, wird die Vorfreude auf den Urlaub selten enttäuscht. Schließlich behältst du das Vergnügen im Vorfeld unter Kontrolle, anders als später im realen Urlaub.

Schmiede deine Urlaubspläne über einen langen Zeitraum, dann hast du länger was vom Urlaub. Erzähle vorher Kollegen, Freunden und Familie davon. Lies etwas über dein Reiseziel, sieh dir einen Film an, der dort spielt, und koste typische Lebensmittel. Suche dir etwa eine Woche vor Abreise in deiner Wohnung einen gut sichtbaren Ort, wo du Dinge hinlegst, die du mitnehmen willst. Jedes Mal, wenn du daran vorbeigehst, wird der Anblick deiner Urlaubslektüre oder der Duft der Sonnenmilch deine Vorfreude weiter steigern.

Der Naturwissenschaftler Mark Mieras vergleicht die Vorfreude mit einem Schatz, der einem ständig zur Verfügung steht und Kraft schenkt. „Sie ermutigt dazu, Grenzen zu überschreiten, aufzubrechen und Neues zu wagen.“ Vorfreude gehört vielleicht zu den zentralen Merkmalen der menschlichen Existenz. Beherrschst du den Trick, wirst du deinen Urlaub mehr genießen. Und dein Leben auch.

3 WIE MAN URLAUBS-ERKRANKUNGEN VERMEIDET

BEI ANKUNFT KRANK

Nur noch wenige Tage, und dein wohlverdienter Urlaub beginnt. Du erledigst die letzten Termine, packst deinen Koffer, besteigst den Flieger – und bist bei der Landung krank. Entnervt verbringst du die ersten Tage im Bett. Schlimmer, als krank zu sein, ist nur, im Urlaub krank zu sein. →

SO PARADOX ES KLINGEN MAG: SICH IM URLAUB ZU ENTSPANNEN EMPFINDEN MANCHE MENSCHEN ALS STRESS.

Die Freizeitkrankheit (engl. *leisure sickness*), das Erkranken zu Beginn eines Urlaubs, ist ein bekanntes Phänomen. So paradox es klingen mag: Sich im Urlaub zu entspannen empfinden manche Menschen als Stress. Die übliche Alltagsroutine fehlt, man reist in ein fremdes Klima, ist mit der Familie unterwegs oder macht andere Sachen, die nicht immer nur lustig sind, zumindest zu Beginn. Man isst anders, schläft länger und bewegt sich mehr. Besonders in den ersten Tagen kann eine solche plötzliche Veränderung des Lebensstils Körper und Geist überanstrengen.

Aber hinter der Freizeitkrankheit steckt mehr. „Die simple Vorstellung, der Körper sei aktiviert, wenn man beschäftigt ist, und entspannt, wenn man nichts tut, trifft es nicht ganz", meint Professor Ad Vingerhoets, der den Begriff *leisure sickness* geprägt hat. Der springende Punkt sind die Stresshormone. Stehen wir unter Druck, schüttet unser Körper Adrenalin aus, das unsere Aufmerksamkeit und Effizienz steigert. Außerdem wird Cortisol abgegeben, das unser Immunsystem schwächt. Wenn im Urlaub der Stress von uns abfällt und der Adrenalinspiegel sinkt, kommt es zu einem Übermaß an Cortisol, das unsere Widerstandskraft mindert. Das sorgt dann für eine größere Anfälligkeit gerade zu Beginn deiner Auszeit.

Freizeitkrankheit oder nicht: vielen Menschen geht es so, dass die ersten freien Tage wie im Flug vergehen, weil sie noch nicht richtig angekommen sind. Ein sanfterer Übergang zwischen Arbeit und Vergnügen ist daher immer ratsam. Wir neigen dazu, gleich am Abend des letzten Arbeitstags vorm Urlaub aufzubrechen, aber muss das sein? Genieße lieber erst ein schönes Wochenende zu Hause, und brich erst danach auf – dann bist du mit Sicherheit ausgeruhter.

Viele Testpersonen, die ihre Freizeitkrankheit erfolgreich bekämpft haben, hatten ihre Einstellung verändert: Sie betrachteten Reisen mittlerweile weniger als „Stress-Deponie" und mehr als ein wohlverdientes Geschenk, das es sorgsam entgegenzunehmen gilt. So erweist sich die richtige Einstellung als ebenso zentral für einen befriedigenden Urlaub wie gute Planung. Noch wichtiger ist aber, dass Arbeit und Vergnügen mehr miteinander zu tun haben, als es scheint. Tatsächlich sind sie insofern eng miteinander verwoben, als eine befriedigende Arbeit für bessere Urlaube sorgt. Also ist der erste Schritt zum besseren Touristen vielleicht, mit der eigenen Arbeit zufrieden zu sein.

DIE RICHTIGE EINSTELLUNG ERWEIST SICH ALS EBENSO ZENTRAL FÜR EINEN BEFRIEDIGENDEN URLAUB WIE GUTE PLANUNG.

Wo man singt,

RENT A GERMAN

Sie sind unglaublich effizient, machen hervorragende Bratwürste und produzieren die besten Autos. Diese positiven Eigenschaften seiner Landsleute inspirierten den Münchner Web-Designer Johannes Blank zu einer Kunstaktion mit der witzigen Website *www.rentagerman.de*. Man sollte darüber Deutsche für Essen, nachmittägliche Einkaufsbummel oder andere „persönliche und gesellschaftliche Bedürfnisse" anheuern können. Was zunächst nur ein Gag war, stieß auf echte Nachfrage. Leute fragten wegen kleiner Hilfsleistungen, Partys und der Planung von Urlaubsreisen an.

Natürlich gilt nicht nur für Deutschland, dass der Kontakt mit einem Einheimischen eine wunderbare Möglichkeit der Urlaubsvorbereitung ist, egal, wohin man reist. Vorfreude ist ja schon der halbe Spaß. Und durch gute Vorbereitung hat man mehr von seinem Trip. Willst du besser reisen, fange bei der Vorbereitung an.

Persönliche Geschichten und Einblicke von jemandem, der in deinem Urlaubsland geboren und aufgewachsen ist, sind viel mehr wert als ein Reiseführer aus Papier. Sich live erzählen zu lassen ist effizient – Zuhören kostet weniger Zeit als Lesen –, und zuhören kann eine ganze Gruppe Reisender. Das sind schon Gründe genug, einen Einheimischen zu sich einzuladen. Bitte ihn oder sie, ein typisches Gericht zuzubereiten oder Kinderbilder oder ein paar landestypische YouTube-Kurzfilme mitzubringen. Nimm dir Zeit, und erleichtere es der betreffenden Person, indem du die Einkäufe übernimmst und sie nach ihrem Besuch nach Hause fährst.

Der entscheidende Vorteil eines lebenden Reiseführers ist die Interaktion. Du kannst das Gespräch auf die Themen lenken, die dich interessieren. Der Abend wird dann zum Erfolg, wenn du die richtigen Fragen stellst. Natürlich willst du wissen, welches die besten Museen und Hotels sind, aber das erfährst du auch aus Büchern. Mit dem Einheimischen gräbst du tiefer. Welche wichtigen Themen und Entwicklungen bewegen das Land aktuell? Welche typischen positiven und negativen Eigenschaften zeichnen die Bevölkerung aus? Eine klare Analyse, eine Skizzierung der Hintergründe werden deinen Blick vor Ort auf mehr (und andere) Dinge lenken.

Wenn du selbst niemanden aus Kuba, der Schweiz oder Vietnam kennst, frage deine Freunde und Kolleginnen. Eine große Reichweite hat Facebook: Da oder auf einer anderen Online-Plattform wirst du bestimmt fündig. Warum nicht auf einer Website für Gelegenheitsjobs eine Anzeige schalten? Versprich etwas Schönes: einen selbst gemachten Apfelkuchen, ein Ticket für ein angesagtes lokales Sportereignis oder eine andere angemessene Anerkennung. Dann wird sich der passende enthusiastische Einheimische schon bei dir melden.

IRGENDWANN PASSIERT BESTIMMT WAS BLÖDES

Enttäuschung ergibt sich aus der Diskrepanz zwischen Erwartungen und der Realität. Du hast dich auf den perfekten Urlaub gefreut – Sonne, Spaß, gutes Essen –, aber die Wirklichkeit sah anders aus. Regen, Mücken, Krankheit. Da ist Ernüchterung unvermeidlich. →

5 VOM UMGANG MIT ERWARTUNGEN UND ENTTÄUSCHUNGEN

Rückschläge erlebt jeder täglich. Wir haben einfach zu hohe Erwartungen, ganz besonders an unsere Reisen. „Unsere Sommerurlaube stehen unter hohem Erfolgsdruck“, konstatiert Professor Vingerhoets. „Jeder findet, er hat den Urlaub verdient, also muss der eine Menge Spaß und tolles Wetter bieten.“ Aufgrund unserer überhöhten Erwartungen ärgern wir uns dann noch mehr über lange Schlangen, schlechten Service oder Probleme mit dem Partner – die wir nicht zu Hause lassen können.

Das führt zu dem Paradox, dass dich der Urlaub mehr stresst als der Alltag. Reisende sollten daher mit Erwartungen und Enttäuschungen umgehen lernen. An oberster Stelle steht dabei die Einsicht, dass man vom Urlaub meist zu viel erwartet, sodass Enttäuschung unvermeidlich ist. Klüger ist es, die Erwartungen herunterzuschrauben. Was natürlich leichter gesagt ist als getan, wenn du eine Menge Geld ausgegeben hast und dich seit Monaten auf den Urlaub freust.

Unsere Urlaubserwartungen speisen sich aus wunderschönen Fotos von unserem Reiseziel und Berichten über seine Besonderheit. So will es die Tourismusindustrie, denn die Höhe der Erwartungen korreliert mit der Attraktivität eines Reiseziels. Sei dir dessen bewusst, und mache immer den Realitätstest. Sieh dir auf flickr.com (oder anderen Websites mit user-generierten Inhalten) die Fotos und Berichte von Reisenden an. Trittst du deine Reise mit realistischen Erwartungen an, sind Enttäuschungen weniger wahrscheinlich.

„Erwartung ist die Mutter aller Frustration“, sagt der Schauspieler Antonio Banderas. Manch einer wird dir raten, deine Erwartungen so niedrig wie möglich zu halten, sodass sie garantiert übertroffen werden. Doch das führt leicht zu Gleichgültigkeit und verdirbt die Vorfreude. Als gut hat es sich erwiesen, mehrmals täglich mit Vorfreude an den Urlaub zu denken, wie es 40% der Urlauber halten. Denn Vorfreude weckt Lust

DAS FÜHRT ZU DEM PARADOX, DASS DICH DER URLAUB MEHR STRESST ALS DER ALLTAG.

REISENDE SOLLTEN DAHER MIT ERWARTUNGEN UND ENTTÄUSCHUNGEN UMGEHEN LERNEN.

und Interesse. Es empfiehlt sich also, angemessene Erwartungen zu haben. Freue dich nicht nur auf die (oft flüchtigen) Highlights, sondern mache dir klar, dass jede Reise ihre Hochs und Tiefs hat. Schließlich stellen Reisen uns vor eine Menge Herausforderungen auf fremdem Terrain. Ein Problemchen, ein unerwartetes Ereignis – irgendwann passiert bestimmt was Blödes. Vermeiden lässt sich das nicht, aber angemessene Erwartungen lindern die Enttäuschung.

Das Wissen darum, dass deine Laune und deine Leistungsbereitschaft im Urlaub auf die Probe gestellt werden, kann sogar in deine Vorfreude einfließen. Sei in puncto Erwartungen also wählerisch und kreativ. Tausche dich mit den Mitreisenden darüber aus, welche Perspektiven erfreulich und erfolgversprechend sind und welche nicht. Je bewusster die Auswahl deiner Erwartungen, desto größer die Aussicht, dass dein Urlaub schön wird.

GLÜCKLICHE ZUFÄLLE

Im Idealfall wird unser Urlaub ein einziges großartiges, spontanes Abenteuer, das uns von einer schönen Überraschung zur nächsten führt. →

162 NEW YORK
GREENWICH ET WEST VILLAGE / À VOIR 163
Le plan « bis »
Où écouter de la musique ? Où danser ?
Jouer au bowling ?
GREENWICH ET WEST VILLAGE

DER GRÖẞTE ERFOLGSFAKTOR IST PLANUNGSGESCHICK.

Gut geplant bilden Reisen das beste Gegengewicht zu unserem überorganisierten, mit Terminen vollgestopften Leben. In Wirklichkeit werden Urlaube jedoch immer komplizierter und erfordern eine immer ausgefeiltere Logistik und Technik. Der größte Erfolgsfaktor ist nicht mehr der Sonnenschutz oder der Reiseführer – heute braucht man Planungsgeschick. Alles steht und fällt mit der Organisation. Oder, wie der Zeitmanagement-Guru Alan Lakein sagen würde: „Nicht planen heißt planen fehlzuschlagen."

Aber was bedeutet gute Planung eigentlich? Auf Reisen versuchen wir meist, Besichtigungen in unserem begrenzten Zeitbudget unterzubringen: erst Notre-Dame, dann Eiffelturm, schließlich Palais de Tokyo. Wenn du aber einmal innehältst und überlegst, was Urlaub wirklich heißt, wirst du merken, dass es im Grunde nicht um bestimmte Pflichtziele geht. Letztlich liegt uns beim Reisen an allgemeineren Dingen wie Abenteuer, Inspiration, Entspannung. Und genau das gilt es zu planen.

Bist du je überraschend auf einen hübschen Platz oder ein verstecktes Restaurant gestoßen? Solche glücklichen Zufälle erlebt interessanter- und scheinbar paradoxerweise eher derjenige, der gut vorbereitet ist, als der, der unvorbereitet aufbricht. Inspirationen und Entdeckungen kann man nicht erzwingen. Sie erfordern mentale Vorbereitung und vor allem Aufmerksamkeit. Wenn du im Urlaub Entdeckungen machen möchtest, sei dir bewusst, dass sich (im Rückblick) jedes Sichverlaufen als glückliche Fügung erweisen kann, und lasse dich auf jedes ungewöhnliche, ungeplante Erlebnis ein.

„Jeder hat einen Plan, bis er was auf die Fresse bekommt", sagte der Boxer Mike Tyson einmal. Planung suggeriert, dass alles im Voraus organisiert werden kann, aber aufs Reisen trifft das nur begrenzt zu. Stelle dir im Voraus vor, wie du reagierst, wenn Dinge anders laufen als geplant. Auch darauf kannst du dich einstimmen. Was wirst du tun, wenn die Schlangen zu lang sind, das Wetter nicht mitspielt oder du plötzlich erschöpft bist? Nimm in einem solchen Fall ein Buch zur Hand, oder weiche auf andere, näher gelegene Sehenswürdigkeiten aus. Und bemühe dich in allererster Linie um eine Haltung, die dich widerstandsfähig und flexibel macht, denn die Unglücksgötter machen keine Ferien.

ABENTEUER, INSPIRATION, ENTSPANNUNG. UND GENAU DAS GILT ES ZU PLANEN.

23

ERINNERUNGEN SCHAFFEN

Auf Reisen entstehen die Erinnerungen von morgen. Von all unseren Freizeitaktivitäten sind unsere Urlaube die Schlüsselerlebnisse, auf die wir später zurückblicken. Souvenirs zerbrechen, Erinnerungen bleiben. Von den Geschichten, die wir von unseren Reisen mitbringen, zehren wir oft jahrzehntelang.

Erinnerungen entstehen unbewusst, aber nicht zufällig. An manche Urlaube erinnern wir uns lebhaft, andere geraten fast sofort in Vergessenheit. Am verblüffendsten ist, dass wir Urlaube im Rückblick als viel erfreulicher empfinden, als sie in Wirklichkeit waren. Aus dem Grund bezeichnet der Philosoph Peter Hoexum Reisen als Nostalgiemaschinen: „Egal wie schrecklich unsere Urlaube auch waren: in unserer Erinnerung taucht die Zeit jeden einzelnen in ein goldenes Licht. Die kleinen und großen Ärgernisse verschwinden, und das kleine bisschen Glück wird im Rückblick größer und größer."

Was wir uns von unseren Urlauben vor allem erhoffen, sind Spaß und Entspannung. Sollten wir uns die Tatsache, dass die Erinnerung eine derart bedeutsame Rolle spielt, dann nicht stärker zunutze machen? Sie präge z.B. unsere Wahrnehmung der Urlaubsdauer, stellt Marc Wittmann in seinem Buch *Gefühlte Zeit. Kleine Psychologie des Zeitempfindens* fest. Um den „typischen Urlaubseffekt" zu erleben – das Gefühl, dass ein Trip viel länger gedauert hat, als er war –, empfiehlt er, bei der Planung mehr auf Qualität als auf Quantität zu setzen. Denn unvergesslichere Erlebnisse führen zu einem langsameren Verstreichen der Zeit. Man sollte sich also ganz bewusst auf das Außergewöhnliche konzentrieren, auf Dinge, die sich deutlich vom Alltäglichen abheben. Die empfohlenen Straßencafés und Restaurants mögen schön und gut sein, aber sind sie wirklich denkwürdig?

Entscheidend dafür, dass Urlaube sich im Gedächtnis verankern, ist also, dass man sie bewusst gewählt hat und dass sie besonders sind. Wenn deine Urlaubserlebnisse dich nicht berühren, wirst du sie schnell wieder vergessen. Schmiedest du eine Menge Pläne, wenn du bereits vor Ort bist, vergeht die Zeit schnell, weil du dich mental in der Zukunft aufhältst. Plane deinen Urlaub zu Hause, sodass du vor Ort ganz im Hier und Jetzt sein kannst. Unterstütze diesen Prozess durch „mentale Schnappschüsse" bestimmter Orte: Setze dich hin, registriere die Gerüche und andere Einzelheiten, genieße den Moment. Nimm dir mindestens zehn Minuten Zeit dafür, und mache bei Bedarf zusätzlich zu dem mentalen Schnappschuss eine Tonaufnahme (mit dem Smartphone). Je mehr du deine Reise im Hier und Jetzt erlebst, desto mehr Freude wird sie dir auch hinterher verschaffen.

KLEINER EINSATZ, GROẞE WIRKUNG

In unserer Welt sind Smartphones derart allgegenwärtig, dass spontane Unterhaltungen auszusterben drohen. In Straßenbahnen, Parks und Cafés ziehen viele Menschen ihren Bildschirm dem Kontakt mit ihren Mitmenschen vor. Das hat auch Auswirkungen auf unsere Urlaube: Wir interagieren seltener mit den Einheimischen. →

8 WIE WICHTIG DER KONTAKT MIT EINHEIMISCHEN IST

„Ich würde lieber den ganzen Tag mit einem Wärter oder Zeitungsverkäufer plaudern, als Kirchendecken zu betrachten", schrieb ein Reiseschriftsteller. Erfahrenen Reisenden liegt oft daran, auf ihren Trips andere Menschen kennenzulernen. Ihnen ist bewusst, dass schöne Reiseerinnerungen auf Begegnungen mit Menschen zurückgehen und nicht auf die Zahl der Kirchen- und Museumsbesichtigungen. Bleibende Erinnerungen an Orte entstehen durch interessante Begegnungen. Auf Reisen kann jede Plauderei wertvoll sein, egal wie alltäglich oder ungeschickt sie beginnt. In ihrem Buch *When Strangers Meet* schreibt Kio Stark, dass es Menschen glücklicher mache, mit Fremden zu sprechen, auch wenn sie vorher glauben, dass sie es unangenehm finden werden. Jeder Kontakt kann schöne Einblicke ermöglichen oder deinem Tag eine überraschende Wendung geben. Wie hättest du sonst den versteckten Gartenhof gefunden oder erfahren, weswegen alle Autos in der Stadt Kennzeichen mit geraden Zahlen haben?

Eine Unterhaltung am Laufen zu halten erfordert die Alltagskunst des Small Talks: Augenkontakt, ein Anlass (egal wie banal), Humor und aufmerksames Zuhören. Mindestens genauso wichtig ist, dass du allein bist; eine Gruppe, auch eine kleine, verhindert Gespräche unter vier Augen. Wenn du mit mehreren anderen unterwegs bist, kann das schwierig sein. Vereinbare daher mit ihnen, dass jeder ein bisschen Zeit allein verbringt – was sich oft ohnehin als klug erweist (siehe Tipp 10).

SCHÖNE REISEERINNERUNGEN GEHEN AUF BEGEGNUNGEN MIT MENSCHEN ZURÜCK UND NICHT AUF DIE ZAHL DER KIRCHEN- UND MUSEUMSBESICHTIGUNGEN.

AUF REISEN KANN JEDE PLAUDEREI WERTVOLL SEIN, EGAL WIE ALLTÄGLICH ODER UNGESCHICKT SIE BEGINNT.

Am unkompliziertesten ist es, Kellner, Verkäuferinnen oder andere Menschen anzusprechen, die beruflich Kundenkontakt haben und oft gern helfen, etwa aktuelle Insidertipps verraten. Frage sie, in welches Restaurant sie am liebsten gehen, in welchem Park sie besonders gern picknicken oder wo man den schönsten Blick auf den Sonnenuntergang hat. Oder mache keinerlei Vorgaben, und bitte sie einfach um die besten Tipps.

Unvergessliche Gespräche gehen mehr in die Tiefe. Sie finden an „langsamen" Orten wie Museen oder Parks statt, mit Taxifahrern (siehe Tipp 19), Rentnerinnen oder anderen, die allein sind und viel Zeit haben. Mutige oder originelle Fragen können vom Small Talk zu ernsthafter Konversation überleiten: Sie signalisieren dem Gegenüber, dass du echtes Interesse hast und bereit bist, zuzuhören. Mache dir aber klar, dass sich ein gutes Gespräch nicht erzwingen lässt; es wird Momente geben, in denen man dich kurz abfertigt. Gib trotzdem nicht auf, schließlich ist dein Gegenüber ein Fremder – du musst es mit der Höflichkeit nicht übertreiben und kannst die Unterhaltung jederzeit beenden.

TO AIRBNB OR NOT TO AIRBNB?

Der weltweite Aufstieg von Airbnb und ähnlichen Websites hat das Hotelgewerbe aufgeschreckt. Die Plattform, über die Leute ihre privaten Wohnungen wie Hotelbesitzer vermieten, hat in kurzer Zeit eine große Anhängerschaft gewonnen. In jeder Nacht nutzen eine Million Menschen Airbnb-Unterkünfte. →

Who pays for your holiday?
#boycott airbnb
Castrate gentrification

OB DU EIN BESSERER TOURIST SEIN WILLST, ENTSCHEIDET SICH AN DEINER HALTUNG ZU AIRBNB.

Hotels geben sich größte Mühe, aber so authentisch wie Airbnb-Unterkünfte können sie nicht sein. Bei geschickter Wahl übernachtest du über Airbnb in den echten Wohnungen echter Leute in echten Stadtvierteln. Vor allem bei längeren Aufenthalten ist das interessanter und oft billiger. Du kannst dich für eine Weile fühlen, als lebtest du dort „richtig" und führtest das ganz andere Leben, von dem du einst geträumt hast. Suche dir was so Verrücktes, wie du willst: Die Plattform bietet eine Schatzkiste origineller, merkwürdiger und avantgardistischer Unterkünfte. Du kannst in einem Wohnwagen, einem Baumhaus oder einem Leuchtturm wohnen, in einem Taxi mitten in Manhattan, in einer Galerie zwischen lauter Kunstwerken – du hast die freie Wahl!
Für die Gastgeber ist die Vermietung eine attraktive Einnahmequelle. „Airbnb bringt den Einheimischen Geld ein", erklärte uns ein Vertreter von Airbnb. Dennoch begeistert das Versprechen der Firma, wie Einheimische zu wohnen, nicht jeden. Kritische Anwohner wenden ein, dass die Plattform die Immobilienpreise in die Höhe treibe und dieser Missstand die Gemeinden spalte und der Gentrifizierung zuspiele. Tatsächlich ist die Gentrifizierung in vielen Städten auf dem Vormarsch, in denen Airbnb beliebt ist – Amsterdam, Barcelona, New York. Gibt es einen „Airbnb-Effekt", frisst Airbnb wie eine Heuschreckenplage Städte kahl? Das muss genauer untersucht werden, es gibt auch Experten, die meinen, die Plattform leiste der Gentrifizierung nicht entscheidend Vorschub.

Ob du ein besserer Tourist sein willst, entscheidet sich an deiner Haltung zu Airbnb. Machst du bei dem Hype mit oder nicht? Wenn ja, profitierst du davon? Zweifellos werden über Airbnb auch Sozialwohnungen und von einzelnen Gastgebern auch mehrere Wohnungen parallel vermietet. Doch derart zweifelhafte Unterkünfte sind oft leicht zu erkennen und zu meiden. Authentische und originelle Airbnb-Unterkünfte gehören meist echten, engagierten Leuten. Klar, sie wollen was dazuverdienen, aber sie öffnen – in der Regel nur für die kurze Zeit ihres eigenen Urlaubs – mit Stolz und Enthusiasmus ihr Zuhause. Auch die Wohnungen dieser Leute sind auf der Plattform leicht auszumachen, und gegen sie ist eigentlich nichts einzuwenden.

Die besten Airbnb-Unterkünfte sind also die, deren Anmietung am sozialverträglichsten ist. Richte dein Augenmerk auf sie, dann brauchst du dich nicht wie eine Heuschrecke zu fühlen. Hat dir dein Aufenthalt gefallen, verhalte dich wie sonst, wenn du dir etwas ausgeliehen hast: Bedanke dich schriftlich, lasse ein kleines Geschenk oder einen selbst gebacken Kuchen da. Du hast zwar für die Unterkunft bezahlt, aber das Vertrauen, das dein Gastgeber in dich setzt, wenn er erwartet, dass du seine Sachen wie deine eigenen behandelst, ist die Seele von Airbnb. Darin liegt der entscheidende Unterschied zu Hotels o.Ä. Deinem Gastgeber zu signalisieren, dass du sein Vertrauen zu schätzen weißt, ist daher nur fair.

DAS VERTRAUEN, DAS DEIN GASTGEBER IN DICH SETZT, IST DIE SEELE VON AIRBNB.

10 WARUM JEDER AUCH MAL FÜR SICH SEIN SOLLTE

EIN TAG FÜR MICH ALLEIN

In *Sans famille – Heimatlos* von Hector Malot hat das achtjährige Findelkind Rémi niemanden. Jahrelang zieht es umher, erlebt zahlreiche Rückschläge und weint regelmäßig ausgiebig. Wer diesen herzergreifenden, fast quälenden Jugendroman (vielerorts Schullektüre) gelesen hat, kann leicht eine Abneigung gegen das Alleinreisen entwickeln.

Mit anderen – Partner, Familie, Freunden – zu verreisen hat zweifellos Vorteile. Es ist billiger, geselliger und meist einfacher. Manche Sehenswürdigkeiten, etwa Kunstmuseen oder ein hübsches Café, erkundet man aber besser allein. Zu einem guten Gespräch mit einem Einheimischen (siehe Tipp 8) wird es kaum kommen, wenn du mit einer Gruppe unterwegs bist. Gemeinsam verreisen bedeutet auch, Kompromisse zu machen – oft schwierige, mit denen keiner zufrieden ist.

Heißt das, man sollte besser allein verreisen? Nicht unbedingt, denn nicht jeder ist dafür geschaffen. Ein guter Mittelweg ist ein Tag allein. In Gesellschaft anderer zu tun, was einem gefällt, empfinden wir oft als unangenehm – es könnte seltsam oder unsozial wirken. Eine elegante Lösung ist ein Tag allein. Es empfiehlt sich, einen Gruppenkonsens darüber herzustellen, dass jeder ein bisschen Zeit für sich haben sollte. Man muss es ja nicht aussprechen, aber ein „Lasst-mich-in-Frieden-Tag“ kann sich durchaus entspannend auswirken.

Wie kannst du einen solchen Tag genießen? Plane ihn, dann bist du vorbereitet. Nimm dir einen ganzen Tag und stelle dir ein Programm zusammen. Das dürfte kein Problem sein. Vermutlich sind es Dinge, gegen die die anderen sich sperren – ein besonderes Kloster, ein toller Vergnügungspark, eine ungestörte Einkaufstour. Oder etwas, das man nicht so gut in einer Gruppe tun kann, wie in einem Park ein gutes Buch lesen. Ein Tag allein ist auch die perfekte Gelegenheit, sich verwöhnen zu lassen, etwa mit einer Massage oder einem guten Film. „Ich regeneriere mich, wenn ich allein bin“, sagte Marilyn Monroe.

Paradoxerweise ist der Höhepunkt eines solchen Tags oft der Moment, wenn die Gruppe wieder zusammenkommt. Nichts ist schöner, als einander beim Abendessen von seinen Erlebnissen zu erzählen, zu versichern, dass man es öfter tun sollte ... und zögernd einzugestehen, dass man einander vermisst hat. Zumindest ein bisschen.

ARBEIT UND VERGNÜGEN

Für viele verhält sich Urlaub zu Arbeit wie Sex zu Haushaltsführung. Alles, was du am einen magst – Aufregung, Abenteuer, und das möglichst auf einer tropischen Insel –, geht dem anderen ab. Ganz so extrem mag es nicht sein. Aber auch wenn kaum jemand es für wünschenswert hält: Urlaub und Arbeit können gut Hand in Hand gehen. →

11 WIE SICH URLAUB UND ARBEIT PERFEKT KOMBINIEREN LASSEN

Studien belegen, dass mehr als die Hälfte von uns im Urlaub arbeitet. Nicht zum Spaß, sondern weil der Chef es erwartet oder wir Schuldgefühle vermeiden oder nicht unengagiert wirken wollen. Oder auch, weil wir uns einbilden, dass unsere Kollegen ohne uns nicht klarkommen. In der Freizeit arbeiten kann aber auch befriedigend sein. Forschungsergebnisse zeigen allerdings, dass es Vorbereitung und Disziplin erfordert: Stimme dich mit deinen Mitreisenden ab, plane es, begrenze es und stelle danach deinen PC oder dein Smartphone aus. Das sind wertvolle Tipps, aber zuallererst solltest du über eines nachdenken: Wann ist Arbeiten im Urlaub eigentlich ein Vergnügen und von Nutzen?

Kurz mal eben eine E-Mail an eine Kollegin zu schreiben oder ein Problem zu lösen ist verlockend. Aber ist es wirklich nötig? Hättest du deine Arbeit nicht in besserem Zustand zurücklassen sollen? Arbeit im Urlaub kann Unterschiedliches bedeuten. Es kann eine tolle Möglichkeit sein, dich auf Dinge zu konzentrieren, die du zwar auch auf morgen verschieben könntest, die sich aber langfristig positiv auf deinen Erfolg und deine Zufriedenheit im Job auswirken. Nenne es Inspiration, Reflexion oder Erneuerung – für diese „langsamere“ Seite deiner Arbeit bieten sich Urlaube an, weil du unabgelenkt bist von ... nun, deiner Arbeit. Sei mal ehrlich: Auf neue Ideen kommst du nicht unbedingt im Büro.

AUCH WENN KAUM JEMAND ES FÜR WÜNSCHENSWERT HÄLT: URLAUB UND ARBEIT KÖNNEN GUT HAND IN HAND GEHEN.

SCHÖNE URLAUBE SIND TOLL, ABER EINE ARBEIT, DIE DICH FORDERT, IST WICHTIGER.

Schöne Urlaube sind toll, aber eine Arbeit, die dich fordert, ist wichtiger. Nimm dir auf Reisen also ein bisschen Zeit, um über die (z.B.) verrückte Produktidee nachzudenken, die dir schon länger im Kopf herumspukt. Überlege, wie du anders an deine Arbeit herangehen könntest. Lies aktuelle Studien, oder mache dir darüber Gedanken, was an deiner Arbeit du ändern würdest, wenn du die Wahl hättest. Gehe entspannt und einfach an die Sache: Kreativität und Leidenschaft zählen mehr als die Details; um die kannst du dich zu Hause kümmern. Damit wärst du nicht der Erste, für den ein Urlaub der Auslöser für Veränderung war.

Müssen wir alle zur selben Zeit verreisen? Probiere einmal aus, in der üblichen Urlaubszeit zu arbeiten und wann anders wegzufahren. Wenn die anderen nicht da sind, lässt es sich besser arbeiten. Dein Anfahrtsweg ist nicht verstopft, kein Vorgesetzter stört dich, die Atmosphäre ist entspannt, und du hast Zeit für anderes. Auch das bedeutet Arbeiten im Urlaub – nur nicht im eigenen.

12 SINNVOLLE MITBRINGSEL AUSSUCHEN

ABSCHIED VOM KITSCH

Modelle des Eiffelturms in Frankreich, der Freiheitsstatue in New York, Matroschkas in Russland: Die Souvenirindustrie setzt nach wie vor auf kitschige Wegwerf-Artikel. Die meisten von uns haben all die Figürchen, Kühlschrankmagneten, Becher mit „I ♥ London“ (oder so) und den ganzen anderen Ramsch satt, der absurderweise meist aus China oder Bangladesch stammt. Er erinnert uns an Zeiten, in denen Reisen exklusiver war. Unterschätze den Wert von Souvenirs (frz.: Erinnerung) aber nicht! So empfiehlt der Autor Ashleigh Brilliant, ein paar Erinnerungsstücke aus der eigenen Vergangenheit aufzubewahren, weil man sonst nicht beweisen könne, dass man nicht alles geträumt hat. Präsentiere Souvenirs – auf dem Nachttisch oder einer Fensterbank. Sie halten deine Reiseerinnerungen wach, sodass du länger was von deinem Urlaub hast.

Aber was ist ein gutes Souvenir? Eine Faustregel könnte lauten: Suche dir Dinge aus, die nicht als Souvenir gedacht sind. Alltagsgegenstände können für Reisende Andersartigkeit verkörpern – einfach, weil sie ein klein wenig anders aussehen oder funktionieren als ihr vertrautes Pendant zu Hause. Aus dem Banalen wird das Besondere. Handgefertigte Keramikuntersetzer aus Portugal oder eine seltene Topfpflanze aus Skandinavien wecken über Jahre angenehme Erinnerungen. Sieh dich vorab in deinem Zuhause nach Dingen um, die du benötigst; dann suchst du im Urlaub gezielt nach den richtigen.

Mit Lebensmitteln als Mitbringseln kann man kaum etwas falsch machen. Beliebte typische Süßigkeiten, Kekse o.Ä. sind preisgünstig und problemlos im Supermarkt vor Ort zu erwerben (siehe Tipp 15). Die schönsten Souvenirs bietet aber vielleicht die Natur. Ungewöhnliche Blumen, Zweige, Sand, Steine oder Muscheln kosten nichts und sind in Hülle und Fülle vorhanden: Gegenstände, die im Urlaubsland alltäglich sind, zu Hause aber exotisch wirken. Sei bei der Suche nach Mitbringseln kreativ: ein Eukalyptuszweig fürs Bad, verschiedene Moose für die Fensterbank oder eine Vogelfeder zur Dekoration des Spiegels.

Für deine Erinnerungen können sich Kleinigkeiten als zentral erweisen. Sieh dich im Urlaub nach einem hübschen Kästchen um und lege eine Minikollektion aus (z.B.) Zweigen aus einem Park, Bonbonpapier, einem U-Bahn-Ticket und der Quittung für ein schönes Essen hinein. Wenn diese Souvenirs dir Freude machen, verdoppelt sich dein Nachurlaubsgenuss.

13 WIE DU MEHR ALS DAS IMMER GLEICHE ERLEBST

ECHTE ERFAHRUNGEN MACHEN

Es gibt Leute, denen ein Hotel ohne Zimmerservice zu primitiv ist. Andere finden Safaris in Afrika oder ein Survivaltraining in Norwegen toll. →

13 WIE DU MEHR ALS DAS IMMER GLEICHE ERLEBST

Für die meisten Urlauber ist der kurze Adrenalinstoß, den uns Sehenswürdigkeiten verschaffen, genug Abenteuer: eine Turmbesteigung, eine Achterbahnfahrt, das Durchstreifen einer dunklen Höhle oder der städtischen Kanalisation.

Ehrlicherweise müssen wir zugeben, dass viele unserer Reiseabenteuer vorhersehbar sind, sozusagen vorgefertigt. Selbst eine Husky-Schlittenfahrt durch Lappland ist im Grunde nichts anderes als eine organisierte Schlittenpartie durch Steppenland. Natürlich reichlich kalt und sehr anregend, aber nicht wirklich ein Wagnis. Das echte Abenteuer liegt im Unvorhersehbaren, im Extrem. Deswegen ist es aufregender, sich in einem fremden Land zu verlaufen, als Achterbahn zu fahren.

Im Ausland bietet der Alltag genügend Gelegenheit für Abenteuer. Warum wirfst du nicht mal einen Blick hinter die Kulissen eines ganz alltäglichen Jobs (siehe rechts)? Solche Alltagsabenteuer musst du dir selbst ausdenken – das Leben ist keine Pauschalreise! Eine Erfolgsgarantie gibt es dafür nicht, aber eine freundliche Frage, Humor und echtes Interesse können viel ausrichten. Ebenso Mut und Fantasie. Das mag für viele zu abenteuerlich klingen, kann aber enorm lohnend sein. Bist du dabei?

VIELE UNSERER REISEABENTEUER SIND VORHERSEHBAR.

AUF DEM MÜLLWAGEN MITFAHREN

Müllautos sind in der ganzen Stadt unterwegs, sammeln die merkwürdigsten Abfälle ein und sind mit interessanten, meinungsfreudigen Typen bemannt, die sich kein X für ein U vormachen lassen. Frage einen Fahrer, ob er dich auf eine Tour mitnimmt. So bekommst du einmalige Einblicke in dein Urlaubsland. Du lernst mit Sicherheit jemanden kennen, der viel Spannendes zu erzählen hat, und schnupperst in einen interessanten Job hinein.

OBEN BEI DEN GLOCKEN

Er ist oft allein ganz oben im Turm, hat einen unvergleichlichen Blick auf die Stadt und übt einen seltenen, alten Beruf aus. Frage den Glöckner, ob du ihn begleiten darfst. Du wirst staunen über seinen Arbeitsplatz, viel Neues über das Läuten erfahren und dir alles von ihm erklären lassen, was du siehst. Machst du ihn dir mit Kaffee und Kuchen gewogen, hast du gute Chancen auf einen denkwürdigen Arbeitsbesuch – selbst wenn Glockenkunde nicht so dein Ding ist.

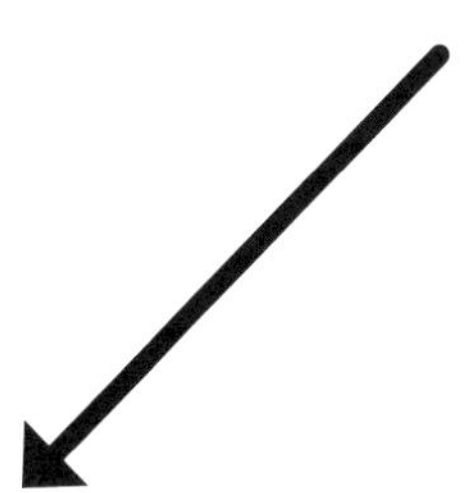

FRÜHMORGENS BACKEN

Der Duft von frisch gebackenem Brot, die fachkundige Handarbeit der Bäcker, die Hitze des Ofens, der Schlagabtausch der Angestellten – ein frühmorgendlicher Besuch in einer betriebsamen Bäckerei kann ein eindrucksvolles Erlebnis für alle Sinne sein. Frage einen Bäcker, ob du beim Backen zugucken darfst, und gib für die frischen Brötchen zum Dank den doppelten Betrag.

14 FÜR DEN ERSTEN EINDRUCK HAST DU NUR EINE CHANCE

IN EINE STADT EINTAUCHEN

Das kennst du bestimmt: Du kommst am Abend in einer dir völlig unbekannten Stadt an und fühlst dich am nächsten Morgen beim Frühstück etwas unbehaglich. Du kennst weder das Viertel deines Hotels noch die Struktur der Stadt, noch ihre Regeln. Was du jetzt brauchst, ist ein Überblick, ein Gesamteindruck, du hast aber keine Ahnung, wie du den kriegst. Also steuerst du die erste Sehenswürdigkeit auf deiner Liste an und machst dir beim Hetzen von einer Attraktion zur nächsten allmählich ein – unvollständiges – Bild von der Stadt.

Im Urlaub reduzieren wir Städte leicht auf eine Reihe von Sehenswürdigkeiten samt dem, was uns zufällig zwischendurch so begegnet. Damit werden wir ihnen aber nicht gerecht, denn in Wirklichkeit sind sie „Gesamtkunstwerke“. Und für den ersten Eindruck haben wir nur eine einzige Chance. Er ist entscheidend. Alles ist neu für dich, und du staunst bereitwillig über alles und jedes: über das Temperament der Einheimischen, ihre Fahrgewohnheiten, beeindruckende alte Fassaden oder etwas so Banales wie die niedlichen Ampelmännchen. So einen Moment muss man genießen! Plane dein erstes Date mit einer Stadt daher sorgfältig.

Es gibt ein prima Mittel dafür, und zwar den öffentlichen Nahverkehr. Nimm aber nicht einen Hop-on-hop-off-Bus, der nur ein paar touristische Highlights abklappert. Nutze lieber die regulären Bus- oder Straßenbahnlinien von der ersten bis zur letzten Haltestelle und zurück.

Von einem Fensterplatz aus kannst du so in angenehmem Tempo die ganze Stadt erkunden und dich an den Haltepunkten in aller Ruhe umsehen. Wähle eine der längeren Strecken, eine, die quer durch die ganze Stadt führt. Entdeckst du am Wegesrand interessante Gebäude o.Ä., notiere dir die betreffende Haltestelle, damit du auf der Rückfahrt an der richtigen Station aussteigen kannst.

Wenn du den öffentlichen Nahverkehr nicht magst, kannst du eine solche Auftakttour durch die Stadt auch im Taxi machen. Die ist natürlich teurer als ein Busticket, dafür aber auch individueller. Erzähle dem Fahrer, was dich besonders interessiert, dann wählt er eine entsprechende Route. Wenn du mit der Musik eines Lokalsenders im Hintergrund durch die Straßen gleitest, erlebst du vielleicht einen deiner glücklichsten Momente in der unbekannten Stadt.

Looking for nutritious choices?
Reach for the Stars!

15 SEHENSWÜRDIGKEIT LEBENSMITTELLADEN

SUPERMARKT-SAFARI

„Wenn eine Person im Supermarkt alltägliche Dinge einkauft, rührt sie an elementarste Emotionen“, stellt der Ökonom Kenneth Galbraith fest. Während wir Lebensmittelmärkte zu Hause oft als notwendiges Übel betrachten, sieht das auf Reisen ganz anders aus: Im Ausland sind Supermärkte eine kulturelle Sehenswürdigkeit par excellence. Siehst du dir die Regale einmal mit den Augen eines Museumsbesuchers an, wirst du viel über die (kulinarische) Kultur des Landes erfahren.

Lebensmittel gibt es natürlich auch in Markthallen, Metzgereien, Weinhandlungen und auf Wochenmärkten zu kaufen. Im Urlaub sind aber die ganz normalen, großen Supermärkte – in Frankreich ein Carrefour, in Kalifornien ein Trader Joe's – am interessantesten. Es geht ja um die jeweiligen Vorlieben. Spanische Supermärkte sind voll mit Sardinen, Thunfisch und Makrelen in Dosen, japanische berühmt für ihre Süßigkeiten, von traditionellem japanischem Karamell und Lychee-Gummibärchen bis zu Kitkat in allen möglichen Geschmacksrichtungen. Verpackung und Markennamen sind oft witzig, vom coolen Minimalismus salziger Lakritze aus Finnland bis zur niederländischen Fair-Trade-Schokolade Chocolonely oder zum belgischen Bier Mort subite („plötzlicher Tod“). So etwas macht Supermärkte zur idealen Quelle für amüsante und typische Mitbringsel (siehe Tipp 12).

Möchtest du herausfinden, welche Grundnahrungsmittel und regionalen Spezialitäten die Einheimischen konsumieren, besuche die Delikatessenabteilung (inzwischen in den meisten Supermärkten vorhanden), in der regionale Produkte angeboten werden. Warum stellst du dir nicht einmal aus leckeren regionalen Spezialitäten – Käse, Wurst, Salate – ein Picknick zusammen? Oder decke dich für ein Abendessen ein. Am Ende eines Tages voller Besichtigungen und Snacks kann die Zubereitung einer lokalen Spezialität eine willkommene Abwechslung sein.

„Der Lebensmittelladen ist der große Gleichmacher, wo jeder mit den Tatsachen des Lebens bis hin zum Klopapier in Berührung kommt“, merkte ein Ladenbesitzer einmal philosophisch an. Da Lebensmitteleinkäufe eine allgemein menschliche Praxis sind, ist der Supermarkt zum Symbol des Alltagslebens geworden. Ob Brautpaar, Frau mit Baby oder alter Mann – im Supermarkt siehst du echte Menschen in Alltagskluft beim Einkauf alltäglicher Produkte. Für dich, den aufmerksamen Touristen, halten die Alltagsroutinen der Einheimischen unterhaltsame und bemerkenswerte Enthüllungen bereit.

REISEN FÜR FORT-GESCHRITTENE

In unseren Urlauben übernehmen die Metropolen die glorreichen Hauptrollen – so wie die attraktivsten, begabtesten Leinwandstars. Tokio und London, Paris und Peking: an den ikonischen Sehenswürdigkeiten dieser sogenannten Topstädte ertönen die Ahs und Ohs im Massenchor. Nach dem Motto: Je größer, desto besser, stimmt's? →

Die beherrschende Rolle, die die „Alphastädte“ im Tourismus spielen, kommt nicht von ungefähr. Die meisten verfügen über eine Vielzahl von Museen und anderen touristischen Attraktionen. Ihre Anziehungskraft beruht aber auch auf ihrem Image. Marketingleute kurbeln unsere Erwartungen an ihre Metropole mit schönen Worten und hübschen Bildern fleißig an. Inzwischen fällt es zahlreichen Weltstädten aber zunehmend schwer, ihrem Image des ultimativen Urlaubsziels zu entsprechen. In vielen führen der Massentourismus und andere Folgen der Globalisierung zu einer unguten Mischung aus Gentrifizierung, verstopften Straßen und Umweltverschmutzung. Darüber hinaus ruhen sie sich auf ihrer Popularität aus. In vielen Topstädten steht der Dienstleistungssektor unter Druck: lange Schlangen, überfüllte Hotels, Touristenfallen, überteuerte Restaurants, unhöfliches Personal – wie lange wollen wir uns all das noch gefallen lassen? Also auf in die Städte der zweiten Liga!

Diese Städte, die im Schatten der Publikumshits stehen, haben viele von uns gar nicht auf dem Schirm. Also Yokohama statt Tokio, Marseille statt Paris, Ankara statt Istanbul, Rotterdam statt Amsterdam und vielleicht (bald) Brooklyn statt Manhattan. Sie mögen zwar nur die zweitgrößten Städte sein, aber keineswegs immer die zweitbesten. Manche sind ein bisschen ungewöhnlich, wobei vielleicht schwer in Worte zu fassen ist, inwiefern. Vor allem aber sind sie in der Regel gastfreundlich und ambitioniert. Der zweitgrößte amerikanische Autovermieter, Avis, hatte mit dem Slogan „We Try Harder“ 50 Jahre lang Erfolg, und das mit gutem Grund.

Was ist das Besondere an Städten der zweiten Liga? „Sie sind oft die moderaten, kantigen, echteren Repräsentanten der Lebensweise eines Landes“, meint der Reisejournalist Oliver Smith. Abseits vom touristischen Andrang und Trubel, ermöglichen sie das angenehmere, ehrlichere und

DIESE STÄDTE, DIE IM SCHATTEN DER PUBLIKUMSHITS STEHEN, HABEN VIELE VON UNS GAR NICHT AUF DEM SCHIRM.

ABSEITS VOM TOURISTISCHEN ANDRANG UND TRUBEL, ERMÖGLICHEN SIE DAS ANGENEHMERE, EHRLICHERE UND ECHTERE URLAUBSERLEBNIS.

echtere Urlaubserlebnis. Interessanterweise sind viele von ihnen Hafenstädte – Orte, die nicht nur eine wichtige Rolle bei der globalen Verteilung von Waren, sondern auch von Ideen, Kultur und Architektur spielen. Gerade weil sie nicht die Hauptstädte sind, sind sie oft kreativer und wagemutiger. „Warum ging die Schwulenbewegung von San Francisco aus? Warum entstand die Musikrichtung House in Detroit? Außenseiterposition, Unabhängigkeitsgeist aufgrund von Nichtbeachtung – das bringt mehr auf Trab als ein Leben im Zentrum des Geschehens“, formuliert der Journalist Janan Ganesh.

Die Londons und New Yorks links liegen zu lassen – und damit viele wichtige Sehenswürdigkeiten des jeweiligen Landes – erfordert Mut und einen individuellen Plan, denn die zweiten Städte verfügen keinesfalls über weniger Charakter und weniger Sehenswürdigkeiten. Aber sie ziehen logischerweise Besucher an, die (wie sie selbst) wissen, dass Größe nicht alles ist, und die Dinge gern anders angehen. Bist du dabei?

17 WIE DU DEINE NASE AUF URLAUB SCHICKST

DER DUFT DER ERINNERUNG

> *Mit seinem Duft nach Sonnencreme und Seeluft lässt ein Tropfen von diesem Öl auf Ihrem Handgelenk Sie im Nu dem Alltag entfliehen. Schließen Sie die Augen, schnuppern Sie und stellen Sie sich vor, die Bürobeleuchtung wären Sonnenstrahlen.*
>
> *– Kosmetikjournalistin Marianne Mychaskiw über das Duftöl Urban Decay Go Naked*

Urlaubsorte haben schon viele Parfümeure inspiriert. Fleur de Portofino mit seinem Mix aus sizilianischer Zitrone, Jasmin und Veilchenblatt wird z.B. als „Mittelmeer-Kurztrip“ angepriesen. Und Big Sur von Laromatica mit dem Duft von salzhaltiger Luft, Kampfer und nebligem Unterholz „ruft dir deine letzte Autofahrt auf dem kalifornischen Küsten-Highway vor Augen“.

Wie kommt es, dass der Duft ferner Ziele so inspirierend wirkt? Sind die Gerüche der Luft, der Wälder, des Meers oder der Märkte dafür verantwortlich? Das mag sein, aber eine mindestens ebenso große Rolle spielen die Freiheit und die Abenteuer, die wir mit ihnen assoziieren. Geruchsinformationen werden in etwa denselben Gehirnregionen wie Gefühle verarbeitet. Deswegen erzeugen Gerüche die dauerhaftesten Erinnerungen.

Deine Nase ist also dein wichtigstes Gedächtnisorgan. Wer sich dessen bewusst ist, handelt entsprechend: Je intensiver deine Urlaubserinnerungen, desto länger und intensiver dein Urlaubsgenuss. Ein Duft nistet sich oft im Unterbewusstsein ein, besonders wenn wir ihm vor Ort oft ausgesetzt waren – in Frankreich etwa dem von Lavendelfeldern. Wir sollten Düften auf unseren Reisen ganz bewusst und ständig Wert beimessen.

Starke Dufterinnerungen schafft, wer sich im Urlaub gezielt auf die Suche nach typischen Gerüchen begibt und sie dann mit tiefen Atemzügen in sich aufnimmt. Dafür braucht es Aufmerksamkeit und Fantasie. Besorge dir in einem Supermarkt aromatische Süßigkeiten oder Knabberzeug, und iss täglich ein bisschen was davon. Lege dir ein Säckchen mit regionalen Kräutern ins Auto oder in die Handtasche. Lasse eine regionaltypische Blume vom Wochenmarkt im Hotelzimmer trocknen. Wirf auch andere riechende Dinge nicht einfach weg. Nimm die ungewöhnlichsten Gerüche mit nach Hause, und du wirst staunen, dass sie noch Jahre später Erinnerungen wachrufen. Oh, dieser Duft – ich rieche ihn noch ganz genau!

EDUCATED
UNEMPLOYED 11 MONTHS
HOMELESS 6 MONTHS
NEED WORK
THANK YOU FOR ANY HELP
SLEEPING OUTSIDE
TRYING TO SAVE FOR A ROOM

EIN BESSERER TOURIST

Gut essen und trinken, schöne Ausflüge unternehmen, faul in der Sonne liegen – viele wollen im Urlaub vor allem genießen und Spaß haben. Versierte Hedonisten lassen ihre Prinzipien und Probleme zu Hause. Es gibt aber auch so etwas wie maßvollen Hedonismus. Dahinter steht die Überzeugung, dass Wohltätigkeit angenehme Seiten haben, dass Gutes tun Spaß machen kann. Sich ungeniert zu amüsieren ist nichts Schlimmes, kann aber leicht in Egozentrik und Oberflächlichkeit umschlagen. Auch im Urlaub hat das Leben mehr zu bieten.

Karitativer Tourismus – auf Reisen Gutes tun und daraus Befriedigung ziehen – ist noch wenig verbreitet. Dafür jagen wir zu sehr unserem eigenen Vergnügen hinterher. Mache dir aber mal bewusst, dass die Einheimischen vieler Urlaubsländer ärmer sind als du und hart arbeiten müssen. Vielfach hängt ihre Existenz von deinem Vergnügen ab.

Urlaube sind die perfekte Gelegenheit, Gutes zu tun und sich deswegen gut zu fühlen. Du musst ja nicht gleich groß einsteigen: Wohltätigkeit kann klein anfangen, etwa damit, anderen mit Aufmerksamkeit und Wertschätzung zu begegnen. Der Portier, die Kellnerin und die Putzkraft tragen alle zu deinem Komfort bei und freuen sich über einen Schwatz oder einen Dank.

Oder du widmest deinen ganzen Urlaub der Freiwilligenarbeit, von der Feldarbeit bis zum Bau oder dem Unterrichten an einer Schule, oft in Entwicklungsländern. So weit wollen die meisten nicht gleich gehen, aber das muss nicht heißen, dass du im Urlaub ganz darauf verzichtest, Gutes zu tun. Das geht mit ein bisschen Anstrengung auch in einem ganz normalen Urlaub. Erkundige dich vorab bei einer seriösen Wohltätigkeitsorganisation, ob du vor Ort mithelfen kannst, z.B. bei der Ausgabe von Essenspaketen. Folge am Urlaubsort Spendenaufrufen für gute Zwecke, ob für Kirchen, Museen oder Spielplätze. Biete einem Obdachlosen eine Tasse Kaffee oder ein Sandwich an, und nimm dir Zeit für einen netten Schwatz mit dem Alten auf der Parkbank (siehe Tipp 8). Immer mehr Hotelketten informieren über lokale Freiwilligendienste, mit denen ihre Kunden sich beim Gastland revanchieren können. Bitte dein Hotel im Zweifelsfall aktiv um entsprechende Vorschläge, schließlich kennt man dort die Gegebenheiten vor Ort.

Ob du auf Reisen Gutes tust, hängt ganz von deiner Fantasie und deiner Entschlossenheit ab. Es wird dich zu einem besseren Touristen machen. Zudem sorgt es in einem Urlaub für Abwechslung. Kurz: Gutes tun tut auch deinem Urlaub gut.

19 WARUM SICH GESPRÄCHE MIT TAXIFAHRERN LOHNEN

PERFECT STRANGERS IN A CAPSULE

Rufe dir ein Taxi, öffne die Tür, lasse dich von der leichten Unterhaltungsmusik umfangen, atme den Autolufterfrischer ein, beuge dich vor und begrüße den nächsten Jean-Paul Sartre oder Kahlil Gibran.

– Risa Mickenberg, Autorin

Man kann Taxifahrer als notwendiges Übel betrachten, die einen von A nach B bringen, aber damit wird man ihnen nicht gerecht. Überall auf der Welt sind Taxifahrer eine unschätzbare Quelle von Informationen und Lebensweisheiten. Die meisten kennen sich in ihrem Revier gut genug aus, um aktuelle, originelle Tipps geben zu können. Frage sie, was es in der Stadt Neues gibt und wo sie am liebsten hingehen. Lasse sie vom Leben in der Stadt erzählen, und schon seid ihr mitten in einem tiefgründigen Gespräch. Taxifahrer kennen schließlich nicht nur Straßen – sie haben eine klare Meinung zu vielen heiß diskutierten Themen.

Laut Manjo van Boxtel, die selbst Taxi fährt, ist die Kapsel, in der dein Fahrer und du euch durch den Verkehr bewegt, der optimale Ort für Gespräche. Ihr könnt beide weder dem anderen noch eurem Gespräch die volle Aufmerksamkeit widmen. Ihr könnt von Thema zu Thema springen und seid gerade deswegen offener. In normalen Gesprächen hat Schweigen meist etwas Peinliches, im Taxi hingegen kaum – ihr blickt ja beide vor euch auf die Straße. Da ihr so dicht nebeneinandersitzt, euch aber kaum anseht, sprecht ihr schnell über Persönliches. Habt ihr keine Lust mehr, macht ihr einfach die Schotten dicht. Aufgrund der vollkommenen Freiwilligkeit gibt es keinerlei Konversationszwänge: Du hast die Kontrolle über das, was gesagt wird.

Auf Reisen sind unbefangene Plaudereien mit Einheimischen schön, aber selten. Ein Grund mehr, im Urlaub öfter mal Taxi zu fahren. Natürlich sind nicht alle Taxifahrer redegewandte Philosophen. Schließlich kann ihr Job unberechenbar und gefährlich sein. Verrückte, Witzbolde, Deppen, Exzentriker und Egomanen: Taxifahrer teilen ihren Arbeitsplatz mit den merkwürdigsten Leuten. Kein Wunder also, dass sie manchmal misstrauisch und sonderbar sind. Aber genau darin besteht der Reiz. Zwischen Genie und Wahnsinn verläuft bisweilen nur ein schmaler Grat – auch bei Taxifahrern.

FESTE FEIERN

Wie lernt man ein Land am besten kennen? Wo begegnet man am ehesten dem regionalen Alltagsleben? Das sind Fragen, die interessierte Reisende umtreiben. Nach x Sehenswürdigkeiten, Museen und Einkaufsstraßen willst du mal was anderes sehen. Was Normales, das mit ganz normalen Leuten zu tun hat. →

20 EINFACH MITMACHEN – DANN BIST DU MITTENDRIN

Natürlich kannst du ein Heimatmuseum besuchen und erfährst dort etwas über lokale Bräuche. Du kannst auch durch Stadtviertel schlendern und erste Eindrücke vom Alltag der Einheimischen gewinnen. Liegt dir an tieferen Einblicken, informiere dich über die Feste. Auch wenn viele Reisende es nicht wissen: Ein neugieriger Fremder kann sich feiernden Einheimischen ziemlich problemlos anschließen.

Abschlussfeiern, Taufen und Hochzeiten sind Schlüsselmomente der menschlichen Existenz, die oft festlich begangen werden. Viele dieser Zeremonien sind öffentlich, und sogar du als Tourist kannst daran teilnehmen. Zu sehen, wie Menschen anderswo auf der Welt solche universellen Momente begehen, die du auch aus deiner Heimat kennst, ist amüsant und lehrreich. Der Grad der Öffentlichkeit solcher Ereignisse variiert, aber das muss dir die Freude daran nicht verderben. Allein schon in einem fremden Land den „Auftritt“ und „Abgang“ eines Brautpaars zu beobachten, kann interessant sein.

Die für Urlauber vielleicht am leichtesten zugängliche Festivität sind Sportereignisse. Kaum ein Tourist hat so etwas auf seiner To-do-Liste stehen, aber der Besuch eines lokalen Fußballspiels etwa bietet unterhaltsame Einblicke in die Freizeitgestaltung der Bürger. Besonders wenn Lokalclubs spielen, haben solche Ereignisse den Charakter von Heimatriten, in die eine Menge Kultur und Leidenschaft einfließen. Informiere dich über Derbys und bemühe dich um ein Ticket. Beliebte Sportarten wie Fußball in Brasilien, Baseball in Amerika oder Cricket in Indien sind ein Muss für Touristen, denen bewusst ist, dass die Vergnügungen der Einheimischen auch eine Art Sehenswürdigkeit darstellen.

NACH X SEHENSWÜRDIGKEITEN, MUSEEN UND EINKAUFSSTRAßEN WILLST DU MAL WAS ANDERES SEHEN.

EIN NEUGIERIGER FREMDER KANN SICH FEIERNDEN EINHEIMISCHEN ZIEMLICH PROBLEMLOS ANSCHLIEẞEN.

Am leichtesten integriert man sich als Tourist vielleicht an Nationalfeiertagen mit ihren Trachten, Paraden und Straßenständen. Beim Koningsdag in den Niederlanden, beim Saint Patrick's Day in Irland oder an Halloween in Amerika bekommt man einen authentischen Einblick in die Festtraditionen des jeweiligen Landes. Oft wirst du ganz zufällig darüber stolpern, denn als Tourist sind dir die lokalen Festtermine nicht unbedingt bekannt. Informiere dich vorab, wo und wann tolle Feiern stattfinden.
Die Teilnahme an einem lokalen Fest kann eine willkommene Abwechslung zu deinem Besuch von Museen, Denkmälern und anderen Sehenswürdigkeiten sein. Die Bräuche mögen sich manchmal kaum von denen unterscheiden, die du von zu Hause kennst, aber das kann durchaus eine tröstliche Beobachtung sein oder angenehm vertraute Gefühle wecken. In der Regel sind die Unterschiede aber gravierend. Vielleicht hast du dann das Gefühl, als würdest du den Schleier ein klein wenig lüpfen und einen Blick in die Seele deines Urlaubslandes erhaschen.

21 ABSEITS DES URBANEN CHAOS

OASEN IN DER WÜSTE

In mancherlei Hinsicht ähnelt der Besuch einer Metropole dem eines Vergnügungsparks. In beiden hat man es mit viel Krach, Spektakeln, Konsumgütern und anderen Besuchern zu tun, nicht nur in langen Schlangen. Während man den Vergnügungspark aber schon nach ein paar Stunden wieder verlässt, hält man sich in der Stadt länger auf. Um einen solchen Aufenthalt durchzustehen, braucht man zwischendurch Erholung.

Meist ruhst du dich ziemlich erledigt abends im Hotel aus. Aber gerade in einer Stadt empfiehlt es sich, auch tagsüber Ruhepausen einzuplanen. Ein sorgsam gewählter, stiller Ort verschafft dir eine Verschnaufpause vom urbanen Chaos. Da kannst du in Ruhe einen Kaffee genießen, ein gutes Buch lesen und deine Batterien aufladen. Der erholsame Kontrast zum urbanen Getümmel und deinem sicherlich vollen Besichtigungsprogramm lässt dich die friedliche Stille umso stärker empfinden: als das Körnchen Gold im Schlamm.

Frieden und Stille in der Stadt sind weniger rar, als man denkt. Man findet sie auf Friedhöfen, deren Besuch sich auf Reisen ohnehin lohnt, ebenso wie in botanischen Gärten. Aber auch Hotellobbys können wunderbar ruhige Orte sein – und bequeme, besonders zwischen 12 und 15 Uhr, wenn die Putzkräfte gegangen und die neuen Gäste noch nicht eingetroffen sind. In manchen Hotels gibt es auch Dachterrassen, die tagsüber erstaunlich leer sind.

Hast du erst einen Riecher dafür entwickelt oder es dir zur Gewohnheit gemacht, dich danach zu erkundigen, wirst du in jeder Stadt schöne, stille Orte finden. Das reicht von kleinen Cafés ohne Musik, wo die Zeit stillzustehen scheint, bis zu kleinen Museen mit improvisierten, gemütlichen Café-Ecken. Die vielleicht schönsten (und verstecktesten) Oasen der Stille sind Gartenhöfe. Besonders in den historischen Zentren alter Städte sind die Innenhöfe in Häuserzeilen oft herrlich grün und ruhig, mit Bänken und bisweilen den leisen Klängen eines fernen Klaviers. Manche sind öffentlich zugänglich, oft aber nur durch ein unauffälliges Törchen, dessen Lage du kennen musst.

In Madrid gab es einmal eine kostenlose Broschüre mit den Stellen in der Stadt, von wo aus man am besten den Sonnenuntergang beobachten kann. Was könnte es Schöneres geben, als nachmittags auf einem Hügel oder einer Dachterrasse die frische Luft einzuatmen und dem Wechsel der Farben auf den Fassaden zuzusehen? Manchmal ist eine Stadt wie ein Vergnügungspark – Atemschöpfen kann da nur hilfreich sein.

RAND-LAGEN

Viele von uns betrachten Städte als Spiegeleier, denn genau so wirken sie aus der Luft: die leckere Seite nach oben, mit dem Eigelb als Zentrum des Geschehens. Die wahren Gourmets aber wissen, dass das Leckerste am Spiegelei der knusprige, etwas fettige Rand ist. →

BEI STÄDTEREISEN IST UNSER AKTIONSRADIUS MEIST AUF DEN KLEINEN BEREICH BEGRENZT, IN DEM SICH DIE SEHENSWÜRDIGKEITEN BALLEN: DIE INNENSTADT.

Bei Städtereisen ist unser Aktionsradius meist auf den kleinen Bereich begrenzt, in dem sich die Sehenswürdigkeiten ballen: die Innenstadt. Das ist schade, denn die Außenbezirke sind auf ihre Weise genauso sehenswert. In urbanen Randgebieten passieren besondere, aufregende Dinge. Pioniere und andere, die hier ihre Zelte aufschlagen, widmen sich so groß angelegten, originellen oder auch schmutzigen Dingen, dass die sterilen, teuren Innenstädte dagegen abfallen.

Besonders faszinierend sind Häfen und Industriegebiete. In ihnen findest du auch Künstler, Designerinnen, Start-up-Unternehmer und dubiose Berater. Ihre Ateliers, Betriebe und Werkstätten befinden sich in oft beeindruckenden ehemaligen Fabriken, in denen du vielfach auf einen Schwatz hineinspazieren kannst. Sie sorgen für eine witzige, faszinierende Mischung aus Kreativität und Betriebsamkeit, die spannende Entdeckungen verspricht. Manche Restaurants und Vergnügungsstätten wie z.B. ein originelles Fischlokal oder ein alternativer Nachtclub locken Touristen ganz gezielt an die Peripherie. Sie setzen darauf, dass schon der Weg und die Suche der halbe Spaß sind.

Verlockend sind auf andere Weise auch die Grüngürtel der Städte. Da triffst du auf Bäume, Gras und Wasser anstelle von Glas, Stahl und Beton. Manchmal sind die Übergänge fließend, mit Niemandsland davor oder

Wohnblöcken und direkt dahinter Wiesen oder Wald. Du kannst im Stadtgebiet Hasen, Wasservögeln und anderen wild lebenden Tieren begegnen: Natur und Zivilisation in direkter Konfrontation. Viele umweltbewusste Städte sind von Grüngürteln mit Windkrafträdern, Urban-Gardening-Flächen oder Bio-Bauernmärkten umgeben – Vorboten einer neuen, umweltfreundlichen Zukunft.

Die Peripherie bildet auch im wörtlichen und übertragenen Sinn den Rand einer komplexen Gesellschaft, wo Städte ihre Obdachlosen und anderen Nicht-Sesshaften unterbringen. In den Außenbezirken zeigt sich also nicht nur Unternehmungsfreude, sondern auch die unvermeidliche weniger heitere Seite urbanen Lebens. Die Schöne und das Biest: diese Dualität macht die urbane Peripherie so faszinierend. Damit ist sie ein hervorragendes Ziel für erfahrene Reisende, die den Glanz *und* die Tristesse des Lebens an den Rändern zu schätzen wissen.

„Ich möchte so nahe wie möglich am Rand bleiben, ohne dabei darüberzukippen. Draußen am Rand sieht man eine Menge Dinge, die man vom Zentrum aus nicht erkennen kann", heißt es bei dem Schriftsteller Kurt Vonnegut. Vergiss also für eine Weile die Zentren, und begib dich auf die Suche nach der Frische und Würze der Ränder. Sieh dir vorher den Stadtplan an. Am besten ist es aber vielleicht, du fragst jemanden, der die Stadt gut kennt und dir genau sagen kann, wo du hingehen solltest. Oder dich sogar begleitet, denn oft sind die Ränder der Stadt auch die Randzonen des touristischen Komforts.

MANCHE RESTAURANTS LOCKEN TOURISTEN GANZ GEZIELT AN DIE PERIPHERIE. SIE SETZEN DARAUF, DASS SCHON DER WEG UND DIE SUCHE DER HALBE SPAß SIND.

DEN ALLTAG ERLEBEN

Wo lernst du die Niederlande am besten kennen – im Rijksmuseum oder in einem Amsterdamer Vorort wie Ijburg? Was verrät mehr über San Francisco – Alcatraz oder Los Altos? Und wo verbirgt sich das echte Rio de Janeiro – bei der Cristo-Redentor-Statue oder in den Favelas an den Berghängen? Wenn dir daran liegt, eine Stadt oder ein Land eingehender kennenzulernen, halte Ausschau nach dem Alltagsleben. Ob streng durchgeplante Retortenstädte in den Niederlanden, nostalgische Vorstädte in Amerika oder trubelige Armenviertel in Brasilien: ein einziger Nachmittag dort verrät oft mehr als viele touristische Attraktionen zusammengenommen.

Ein Spaziergang durch ein pittoreskes Viertel ist etwas Schönes, aber das alltägliche Leben findet meist woanders statt. Es zeigt sich in der Regel außerhalb der Innenstädte, am Endpunkt der U-Bahn-Linie, in Wohnvierteln, wo Leute wie du und ich leben, also die Mehrheit der Bevölkerung. Da, wo es keine Kitschläden und spektakulären Sehenswürdigkeiten gibt.

Eine Kiez-Exkursion ist eine angenehme Abwechslung zu deiner touristischen Pilgertour. Da geht es einmal nicht um die Highlights, sondern um das Leben der Bevölkerung. Was könnte unterhaltsamer sein, als Kinder beim Spielen zu beobachten, frische Wäsche an der Leine flattern zu sehen oder jemandem beim Zimmern eines Kaninchenstalls zuzuschauen? Im Ausland mögen die Leute erstaunlich ähnlich leben wie du oder aber völlig anders – hey, hier stellt der Milchmann ja noch immer die Milch vor die Türen!

Touristisch gesehen, ist das Alltagsleben in Wohnvierteln im Ausland oft amüsant und lehrreich. Aber natürlich lohnt nicht alles den Besuch. Die interessantesten Viertel sind die mit aufregender Architektur, die klare Ansagen dazu macht, „wie wir leben sollten“. Wie findest du sie? Werde aktiv: Rufe bei einem Architekturbüro der Stadt an, und erkundige dich.

Wenn das alles ein bisschen langweilig klingt, halte dir vor Augen, dass auch Wohnviertel über Attraktionen verfügen. Etwa die verrückte, durchgeplante Sun City in Kalifornien, wo nur Senioren leben. Oder die VM-Häuser in Kopenhagen mit ihren aufsehenerregenden dreieckigen, vom *Titanic*-Film inspirierten Balkonen, deren Bewohner wie Kate Winslet „Jack, ich fliege!“ rufen können. Fast jede Stadt hat ein ikonisches oder zumindest ungewöhnliches Wohnviertel.

DU BIST NICHT ALLEIN

„Warum hassen Touristen andere Touristen?“, fragte uns ein Mann mittleren Alters, den wir in der kleinen Pagode in Bagan kennengelernt hatten. Wir hatten uns bei ihm nach dem Tempel erkundigt, den bei Sonnenuntergang weniger Ausländer belagern. Auf ihn wirkte unser Wunsch, anderen Touristen aus dem Weg zu gehen, verrückt. Wir versuchten, ihm unsere Einstellung zu erklären, aber eine vernünftige Antwort auf seine einfache Frage zu finden fiel uns schwer.

– Alesha und Jarryd, Reiseblogger →

ICI
HERE

24 VOM UMGANG MIT ANDEREN TOURISTEN

Auf erstaunlich vielen verführerischen Werbeanzeigen von Reiseanbietern sind keine Touristen zu sehen. Von wenigen Ausnahmen abgesehen (Themenparks, Strände, Festivals), empfinden wir die Aussicht, anderen Reisenden zu begegnen, als wenig verlockend; so jedenfalls macht es uns die Tourismusindustrie weis. Unsere Urlaubsfotos aber sehen ganz genauso aus. Geduldig warten wir den Moment ab, in dem keine anderen Touristen im Bild sind. So, als wären wir komplett allein.

Unser Verhältnis zu anderen Reisenden ist merkwürdig: Oft meiden wir sie, die doch die gleichen Dinge tun wie wir, oder tun so, als gäbe es sie nicht. Beobachte einmal, wie wenig Touristen miteinander kommunizieren, sogar an Orten, wo sie sich dicht an dicht drängen. Das muss allerdings nicht heißen, dass sie einander als störend empfinden. „In vielen touristischen Situationen, in denen Leute dieselben Dinge und Aktivitäten teilen, kann die Toleranz gegenüber den anderen relativ hoch sein“, schreibt Philip Pearce in seinem Buch *Tourist Behaviour.*

Im Zuge des Massentourismus ballen sich an vielen Reisezielen inzwischen aber derart viele Touristen, dass die Grenzen des Erträglichen erreicht zu sein scheinen. Bewohner beliebter touristischer Metropolen wie Barcelona und Amsterdam beklagen sich seit Jahren über das Getümmel in ihren Städten. Und die Touristen registrieren einander ebenfalls zunehmend. Davon zeugen auch neue englischsprachige Reiseführer wie *Not for Tourists* oder *How to Avoid the Other Tourists*. Wenn du zu denen gehörst, die andere Touristen eher meiden, hast du vermutlich schon ein paar Gegenstrategien entwickelt: Besichtigungen auf den frühen Morgen oder den Abend legen; tagsüber stillere Orte aufsuchen; Einheimische nach Insidertipps fragen, z.B. nach den versteckten Eingängen zu schönen Orten.

IST ES NICHT VERLOGEN, TOURISTEN AUS DEM WEG ZU GEHEN, WENN DU SELBST EINER BIST?

SOSEHR DIR AM LEBHAFTEN AUSTAUSCH MIT DER EINHEIMISCHEN BEVÖLKERUNG LIEGT – VIELERORTS WIRST DU DICH SEHR WAHRSCHEINLICH UNTER ANDEREN TOURISTEN BEWEGEN.

Ist es nicht verlogen, Touristen aus dem Weg zu gehen, wenn du selbst einer bist? Natürlich sind zu viele Leute auf einem Haufen und ein Riesengedränge bei den touristischen Highlights nicht angenehm. Aber die Vorstellung, sich anderen Reisenden komplett entziehen und sich nur unter Einheimischen bewegen zu können, ist doch ein wenig unangemessen und übertrieben. Sosehr dir am lebhaften Austausch mit der einheimischen Bevölkerung liegt – vielerorts wirst du dich sehr wahrscheinlich unter anderen Touristen bewegen. Forscher haben übrigens herausgefunden, dass wir den direkten Kontakt mit anderen Touristen als angenehmer empfinden als den indirekten. Darüber hinaus belegen diverse Studien, dass der persönliche Kontakt mit Fremden stereotype Vorurteile abbauen und positive Einstellungen fördern kann. Kurz: andere Touristen sind in unseren Urlauben nicht nur unausweichlich, sie bieten uns auch die Chance, ein besserer Tourist zu werden.

DER WIEDER-HOLUNGS-EFFEKT

Egal, welche Anziehungskraft unbekannte Länder auf uns ausüben – waren wir da, haken wir sie oft ab, ohne mit der Wimper zu zucken: Kenne ich schon! Beim Reisen zählt schließlich das Neue, Unbekannte. Warum also Orte besuchen, wo du schon mal warst? →

DRIVE
CAREFULLY
Come Back
SOON

IN DER HOFFNUNG AUF UNBEKANNTES VERBRINGEN WIR DEN GROẞTEIL UNSERES URLAUBS MIT DEM BESUCH NEUER ZIELE.

In der Hoffnung auf Unbekanntes verbringen wir den Großteil unseres Urlaubs mit dem Besuch neuer Ziele. Wir fühlen uns dabei unternehmungslustig, wie echte Weltreisende, ignorieren dabei aber die Macht der Wiederholung. Der zweite Besuch einer Stadt oder eines Landes ist fast immer der bessere. Zu einem Ort zurückzukehren, wo du schon einmal warst, ist wohltuend. Oder, wie der Autor Tyler Moss schreibt: „Man findet sich leichter auf den Straßen und in der U-Bahn zurecht, und in den schon zuvor besuchten Restaurants und Bars fühlt man sich wie zu Hause." In der Wissenschaft nennt man das den Wiederholungseffekt: Wir schätzen ein Reiseziel mehr, wenn wir es schon kennen.

Dieser Effekt lässt sich durch den Urlaubsstil noch steigern: Normalerweise neigen wir aus Sorge, etwas zu verpassen, dazu, in jeder Stadt, in jedem Land so viele Sehenswürdigkeiten wie möglich abzuhaken. Bei einem zweiten Besuch verhalten wir uns anders; wir kennen das Wichtigste bereits und können uns entspannen und alles ruhiger angehen. Wir müssen nicht mehr den Pflichtzielen hinterherjagen, sondern können uns schönen Extras zuwenden: vom pittoresken kleinen Kiez oder historischen Wohnhaus bis zur betriebsamen Markthalle oder einem neuen, modernen Stadtpark. Diese Ziele mögen weniger spektakulär und weniger bekannt sein, sind dafür aber oft authentischer und weniger touristisch. Du wirst sie viel eher als deine persönlichen Entdeckungen empfinden.

Manche Menschen fliegen wie Zugvögel Jahr für Jahr an denselben Ort. Sie scheinen die Kunst des Weglassens zu beherrschen. Es spricht ja auch viel dafür. Nur so bekommt man mit, wie die Stadt sich über die Jahre verändert – wie ehemalige Arbeiterviertel aufblühen, wie sich eine neue Straßenbahnlinie auswirkt oder die jüngere Immigrantengeneration neue Läden und Restaurants eröffnet. Die Wahrnehmung solcher Veränderungen – an der es zu Hause, wo du mittendrin steckst, meist hapert – ist mindestens so viel wert wie zufällige Schnappschüsse aus allen Ecken der Welt. Außerdem wirst du nicht nur an deinem Urlaubsziel Veränderungen bemerken, sondern auch an dir selbst. Was du als Student toll fandest, reizt dich drei Jahrzehnte später nicht mehr. „Man kann nicht zweimal in denselben Fluss steigen, denn andere Wasser strömen nach", heißt es beim Philosophen Heraklit.

Warum also bei der Urlaubsplanung nicht öfter mal einen zweiten Besuch ins Auge fassen? Umgekehrt kannst du dich auch an einem unbekannten Reiseziel einmal so verhalten, als wäre es dir vertraut. Besuchst du das nächste Mal eine dir neue Stadt, benimm dich wie zu Hause: Entspanne dich, gönne dir Zeit, und beginne mit den schönen Extras. Das Pflichtprogramm kommt danach an die Reihe. Oder gar nicht – auch ohne es können Urlaube gelingen.

BEI EINEM ZWEITEN BESUCH VERHALTEN WIR UNS ANDERS; WIR KENNEN DAS WICHTIGSTE BEREITS UND KÖNNEN UNS ENTSPANNEN UND ALLES RUHIGER ANGEHEN.

EIN HEROISCHER WILLENSAKT

Wenn es dir darum geht, das Maximum aus deinem Urlaub herauszuholen, wirst du an den Punkt kommen, an dem du dich fragst, wann es reicht. Wie voll solltest du deine Urlaubstage packen? Beschränkung ist schwierig. Viele von uns leiden unter dem Horror Vacui (lat.: Angst vor der Leere), so z.B. Künstler, wenn sie sich scheuen, in ihren Werken Flächen leer zu lassen. →

„Das Problem der westlichen Welt ist, dass die Leute ihre Urlaube mit Aktivitäten vollstopfen, so als hätten sie Angst davor, nichts zu tun“, konstatiert der Philosoph und Unternehmer Govert Derix. Es stimmt: Das Reisen ist hektischer und leistungsorientierter geworden. Noch mehr exotische Ziele, Kulturerlebnisse und Abenteuer und zwischendurch Ablenkung durch digitale Medien. Derix plädiert für eine politische Urlauberpartei – eine Gegenbewegung, die sich für eine „Amor Vacui“ (Liebe zur Leere) und angemessenes Reisen als essenziell für unsere Zivilisation einsetzt.

Nichtstun entspannt. Forschungsergebnisse zeigen, dass nur diejenigen Reisenden nach ihrem Urlaub glücklicher sind, die sich im Urlaub „sehr gut entspannt“ haben. Aber wann reicht es mit dem Nichtstun? Geht es darum, uns ab und an eine Auszeit zu nehmen und bewusst den Augenblick zu genießen? Oder darum, tagelang am Strand oder auf einer Alpenwiese zu liegen, mit einem dicken Stapel Bücher, Musik oder jemandem, mit dem wir über Gott und die Welt reden können?

Daneben gibt es auch eine fortgeschrittene Form des Nichtstuns. Eine, bei der der Content-Junkie in dir auf Entzug gesetzt und jeder Input vermieden wird – kein Buch, keine Musik vom Smartphone, kein Gesprächspartner. Bei der du Frieden und innere Ruhe anstrebst, alle Gedanken und Gefühle loslässt und eine tiefere Bewusstseinsebene zu erlangen versuchst. Oder, mit den Worten des Philosophen Mortimer Adler: „Man muss sich ein bestimmtes Quantum Zeit gönnen, wo man nichts tut, damit einem etwas einfällt.“

Das klingt abstruser, als es ist. Betrachte es einmal so: Das Gute an deinem Urlaub ist doch, dass er sich vom Alltag abhebt. Warum solltest du also, wenn dein Alltag schon voll ist und immer voller wird, es im Urlaub genauso halten? Urlaube sind unsere einzige Gelegenheit, tagelang am Stück nichts zu tun und zu spüren, wie diese Leere

WARUM SOLLTEST DU, WENN DEIN ALLTAG SCHON VOLL IST UND IMMER VOLLER WIRD, ES IM URLAUB GENAUSO HALTEN?

PROBIERE EINMAL, UMZUDENKEN, STATT DICH KOPFÜBER INS NÄCHSTE REISEABENTEUER ZU STÜRZEN.

sich anfühlt. Eine umso reizvollere Aussicht, wenn du schon viele ehrgeizige Trips absolviert hast. Probiere einmal, umzudenken, statt dich kopfüber ins nächste Reiseabenteuer zu stürzen.

Ein gelungener Nichtstuer-Urlaub erfordert nicht unbedingt den stillen Rückzug in ein Kloster. Bei guter Vorbereitung kannst du ihn auch auf eigene Faust machen. Informiere dich dafür zuallererst über Achtsamkeit. Suche dir einen stillen, schmucklosen Ort, eine Berghütte oder ein Ferienhaus, wo du mehrere Tage oder besser noch eine Woche verbringen kannst, ohne viel tun zu müssen. Meide Nachrichten, Bücher, Musik, die sozialen Medien, Fernsehen und andere Ablenkungen. Halte dich an einen klaren Tagesablauf mit schlichten Mahlzeiten, viel Schlaf und Bewegung, und denke viele Stunden am Tag über die Zukunft nach. Ein oder zwei Stunden still dazusitzen wirst du anfangs als heroischen Willensakt empfinden. Betrachte es als Fähigkeit, die du erlernen willst, als Schule des Lebens. Bleibst du dabei, wirst du nach und nach auf tiefere Erinnerungsschichten in dir stoßen, wo vergessene Erlebnisse, neue Ideen und kluge Einsichten ebenso wie verschüttete Ambitionen und Gefühle schlummern. Sie an die Oberfläche kommen zu lassen kann eine enorme Wirkung haben, sodass deine Ruhephase sehr wohl Früchte trägt. Erfrischt, beglückt und voller Ideen und Einsichten, die sich über Jahre als wertvoll erweisen können, kehrst du nach Hause zurück. Nie war Nichtstun so bereichernd.

MENTALE SOUVENIRS

Es ist dir vielleicht nicht bewusst, aber in Urlauben machst du unmerklich viele lehrreiche Erfahrungen. Schon beim Packen gilt es Prioritäten zu setzen. Bist du dann auf dem Flughafen eines deiner exotischen Reiseziele gelandet, musst du dein ganzes Verhandlungsgeschick aufbringen, um ein Taxi zu ergattern. Und schließlich siehst du ein – seufz! –, dass du an vielen sehenswerten Orten besser mit dem Strom schwimmst, als wie zu Hause stur nach Plan vorzugehen. Betrachte derlei lehrreiche Einsichten als mentale Urlaubssouvenirs. Und halte sie in Ehren. →

VIELLEICHT HAT DEIN URLAUB ETWAS VON EINEM COACH, DER DICH IN DEINEN SORGEN UND AMBITIONEN UNTERSTÜTZT.

Vielleicht hat dein Urlaub sogar etwas von einem Coach, der dich in deinen Sorgen und Ambitionen unterstützt. Was erwartest du von deiner Arbeit? Was könnte deine Beziehung verbessern? Wovon träumst du? Fern von allem, was dich zuletzt umgetrieben hat, findest du im Urlaub vielleicht Antworten auf deine Lebensfragen, ob groß oder klein. Wobei man sie dir natürlich nicht auf dem Silbertablett servieren wird. Auf Reisen neue Einsichten über die Arbeit, das Glück oder andere wichtige Dinge zu gewinnen erfordert Übung und Geduld. Das ist Reisen für Könner.

Was kannst du tun, damit du von deinem Urlaub mehr als schöne Erinnerungen und Schnappschüsse mitbringst? Hier bescheidene drei Tipps:

VORHER

Schnüre auch mental dein Gepäck. Denke darüber nach, was du von deinem Urlaub erwartest. Notiere ein paar Schlüsselfragen oder -herausforderungen, und klebe den Zettel auf die Innenseite deines Koffers oder auf dein Reisenecessaire. So verreisen sie mit dir und setzen sich in deinem Hinterkopf fest.

WÄHRENDDESSEN

Ein ungeplanter Schwatz mit einer alten Frau im Park, ein originell möbliertes Hotel, das hingebungsvolle Tun eines Bäckers – auf Reisen gibt es viel zu bestaunen. Was, liegt ganz bei dir, aber das jeweilige Erlebnis hat oft eine Menge mit dem zu tun, was in deinem Leben gerade so geschieht. Halte deine Beobachtungen, Assoziationen und Erlebnisse, ob groß oder klein, schriftlich fest, bevor sie verblassen.

NACHHER

Was unterwegs offensichtlich erscheint, kann sich zu Hause als wertvolles Teil des Puzzles erweisen. Zurück im Hamsterrad deines Jobs würdest du es normalerweise schnell wieder vergessen, aber du hast es ja aufgeschrieben. Lies dir deine Reisenotizen am Ende deines Urlaubs oder nach deiner Rückkehr sorgfältig durch. Ziehe beim Lesen Verbindungslinien. Versuche, das Gelernte zu verankern und fruchtbar werden zu lassen. Die größten Chancen für Veränderung bestehen nach der Rückkehr aus dem Urlaub. Oder, wie Richie Norton einmal gesagt hat: „Ein kleines Stück von überall, wohin du reist, kann zu einem großen Stück von allem werden, das zu tust."

WAS UNTERWEGS OFFENSICHTLICH ERSCHEINT, KANN SICH ZU HAUSE ALS WERTVOLLES TEIL DES PUZZLES ERWEISEN.

28 DIE NACHURLAUBS-DEPRESSION VERMEIDEN

ZURÜCK IN DIE REALITÄT

Wie Studien belegen, ist einer der Gründe, weswegen Urlaube letztlich nicht glücklicher machen, der Stress des Wiedereinstiegs in die Arbeit. Dieser Druck kann sich bereits in den letzten Urlaubstagen bemerkbar machen. Du versuchst dich noch zu amüsieren und gehst innerlich bereits die Termine der folgenden Woche durch. Und hat dich der Job erst wieder, vergisst du deinen Urlaub womöglich innerhalb weniger Stunden komplett. Deine übervolle Mailbox und neue Deadlines vergällen dir die schöne, entspannte Stimmung, in der du nach Hause gekommen bist.

Die Nachurlaubs-Depression, der Post-vacation Blues – mindestens die Hälfte der Angestellten hat damit zu kämpfen. Eine Stimmungslage, der vielleicht der Popsong *Back to Life, Back to Reality* am besten Ausdruck verleiht, der manch einem Betroffenen wie ein permanentes Mantra im Kopf herumgeht. Je schöner der Urlaub war, desto schlimmer der Blues, der ja aus der Diskrepanz zwischen Reisevergnügen und Alltagsmühle entsteht. „Es ist wie eine Angststörung", meint die Psychologin Erika Martinez. „Zu den Symptomen gehören übermäßige Sorge, Müdigkeit, Reizbarkeit, Appetitlosigkeit, ausgeprägte Nostalgie, Kopfschmerzen und schwache Aufmerksamkeit oder Konzentrationsfähigkeit."

Kannst du etwas gegen die Nachurlaubs-Depression tun? Auf jeden Fall helfen sanftere Übergänge zwischen Arbeit und Urlaub, besonders wenn noch der Jetlag hinzukommt oder der plötzliche Wechsel von 30 Grad und Sonnenschein zu 15 Grad und Regen. Bleibe am Montag zu Hause, bevor du wieder anfängst, zu arbeiten. Halte die Ferienstimmung lebendig, indem du Fotos an die Kühlschranktür heftest, Freunden und Nachbarn von deinem Urlaub erzählst oder dir dein Erinnerungskästchen anschaust (siehe Tipp 12). Für manche ist die beste Medizin, gleich den nächsten Urlaub zu buchen – etwas, auf das sie sich freuen können.

Aber halt! Sind das nicht im Grunde Vermeidungsstrategien? Die Nachurlaubs-Depression erwischt uns doch in der Regel, weil wir bei der Heimkehr all die Dinge vorfinden, die wir unerledigt zurückgelassen haben. Ließe sich das nicht anders oder besser organisieren? Schließlich ist Vorbeugen besser als Heilen. Die entscheidende Frage ist doch, ob deine Arbeit dich noch befriedigt. Ein guter Job macht viel aus. 75% der zufriedenen Angestellten gehen nach dem Urlaub wieder gern zur Arbeit, ganze 83% der unzufriedenen nicht. Das lässt vermuten, dass die Nachurlaubs-Depression diejenigen heimsucht, die ihre Arbeit als nicht sehr befriedigend erleben. Auch wenn es nicht leicht umzusetzen ist, sollten sie nach einer erfüllenderen Arbeit suchen, entweder im Rahmen ihres aktuellen Jobs oder in einem neuen. Ein gewisser Widerwille am ersten Tag nach dem Urlaub ist normal, aber von Dauer sollte er nicht sein.

IM URLAUB REDUZIEREN WIR
STÄDTE LEICHT AUF EINE REIHE
VON SEHENSWÜRDIGKEITEN
SAMT DEM, WAS UNS ZUFÄLLIG
ZWISCHENDURCH SO BEGEGNET.

DU KANNST EINEN
TOLLEN URLAUB
SCHON VOR DEINER
ANKUNFT AM ZIEL
GENIEßEN.

STOCKHOLM
MONDAY

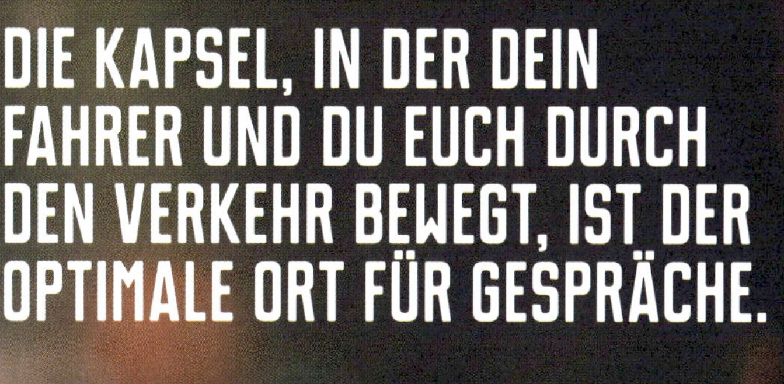
DIE KAPSEL, IN DER DEIN
FAHRER UND DU EUCH DURCH
DEN VERKEHR BEWEGT, IST DER
OPTIMALE ORT FÜR GESPRÄCHE.

WOHNVIERTEL BIETEN EINFACHE,
VERTRAUTE VERGNÜGUNGEN,
DIE OFT MEHR VERRATEN ALS
VIELE TOURISTISCHE ATTRAKTIONEN
ZUSAMMENGENOMMEN.

CREAMSODA
CREAMSODA
VIRGIL'S
REAL COLA
REAL COLA
ROOTBEER
ROOTBEER
ROOTBEER
ROOTBEER
$4.99
$4.99
VIRGIL'S
ZERO
REAL COLA
ZERO
REAL COLA
ZERO
CREAM SODA
ZERO
CREAM SODA
ZERO
CREAM SODA
ZERO
ROOT BEER
ZERO
ROOT BEER
ZERO
ROOT BEER
$4.99
$4.99
IZZE
IZZE
IZZE
IZZE
IZZE
IZZE
IZZE
IZZE
IZZE
IZZE
zevia
zevia
Blue Sky

SUPERMÄRKTE SIND EINE
KULTURELLE SEHENSWÜRDIGKEIT
PAR EXCELLENCE.

ZUM WEITERLESEN

Alain de Botton:
Kunst des Reisens,
deutsch von Silvia Morawetz,
Frankfurt/M. 2003

„Alain de Botton will unsere Art des Reisens verändern. Schluss mit der atemlosen Suche nach dem Nervenkitzel in der Ferne – genieße den Ort, an dem du gerade bist, und sei es eine Autobahnraststätte."
Boyd Tonkin,
The Independent

Philip L. Pearce:
Tourist Behaviour and the Contemporary World,
Bristol 2011

„Eine bemerkenswert breit angelegte und tiefschürfende Betrachtung der den heutigen Tourismus prägenden Faktoren. Mit seinen aktuellen und innovativen Forschungsansätzen, die unseren Blick aufs Reisen verändern werden, ist die Lektüre dieses Buchs für Tourismusforscher ein Muss."
John C. Crotts,
College of Charleston

Rachael Antony/Joel Henry:
The Lonely Planet
Guide to Experimental Travel,
Melbourne 2005

„Wer die Standardtrips und Club-Med-Urlaube satt hat, sollte zu diesem originellen Reiseführer greifen, der uns nicht zuletzt daran erinnert, welche Freude Entdeckungen bereiten können."
Publishers Weekly,
New York

Siobhan Wall:
Quiet London,
London 2001
(und andere Bände der Reihe)

„Dieser Reiseführer voller Geheimtipps abseits der ausgetretenen Pfade verrät dem Leser, wo er einfach sitzen und schauen kann – in Zen-Gärten und stillen Cafés, an versteckten Gewässern, in winzigen Museen und himmlischen Buchläden."
Sainsbury's Magazine,
Großbritannien

Witold Rybczynski:
Am Freitag fängt das Leben an. Eine kleine Geschichte der Freizeit,
deutsch von Reiner Stach,
Reinbek b. Hamburg 1993

„Eine hinreißende, beeindruckend profunde Betrachtung über das Verhältnis von Freizeit und Arbeit."
Publishers Weekly,
New York

Risa Mickenberg:
Taxi Driver Wisdom,
San Francisco 1996

„Eine Sammlung von Einzeilern: Einsichten über Liebe, Spaß, Schicksal und andere Themen, die Taxifahrer Mickenberg beim Blick über die Schulter mitgeteilt haben."
Vincent Barone,
AM New York

JOHAN IDEMA

HOW TO VISIT AN ART MUSEUM

BIS

HOW TO VISIT AN ART MUSEUM

TIPS FOR A TRULY REWARDING VISIT

JOHAN IDEMA

STOP WANDERING, START ACTING!

VOM SELBEN AUTOR

HOW TO VISIT AN ART MUSEUM

„Kunst versteht nur, wer ein Museum besucht und Kunst betrachtet", meinte der französische Maler Auguste Renoir. Hat man den Schritt in eine Galerie getan, ist man aber noch lange nicht klüger. Was fängt man z.B. mit der Beschriftung „Ohne Titel, 1973" an? Wo schaut man hin, wenn auf einem Gemälde ein ebenso anschauliches wie unverhülltes Abbild einer riesigen Vulva zu sehen ist? Und wie reagiert man auf einen Museumswärter, der einen unangemessen lange anstarrt?

How to Visit an Art Museum nähert sich mit frischem Blick der Frage, wie man sich als Museumsbesucher verhält. Ob zum ersten Mal da oder regelmäßig – das Buch führt in Sinn und Unsinn der Museumsetikette ein. Das übliche Benehmen – „Geh langsam, aber bleib nicht stehen" – bringt nicht besonders viel. Dieses Buch will dazu ermutigen, die Sache in die eigene Hand zu nehmen.

Finde heraus, was dir der Kontakt mit Museumswärtern bringen kann. Mache dich mit einigen Faustregeln vertraut, anhand derer du gute von schlechter Kunst unterscheiden lernst. Erkunde, wie Kinder dir Einblicke in die Welt hinter einem Kunstwerk vermitteln können. *How to Visit an Art Museum* zeigt dir, wie lohnend Museumsbesuche werden, wenn du ein bisschen Mut und Kreativität aufbringst. Kunstsammlungen sind letzten Endes das, was du daraus machst.

BILDNACHWEIS

Frau mit Schatten
Binalfrodo
flickr.com/photos/bindalfrodo/4879656508

Louvre
prateekb
flickr.com/photos/prateekb/36724797342/in/album-72157688283820415

Trevi-Brunnen
Grant Bishop
flickr.com/photos/64609422@N04/5964426773

Eiffel-Turm-Souvenirs
Vinicius Pinheiro
flickr.com/photos/vineco/4302988036

Tourism kills the city
Khairil Yusof
flickr.com/photos/57634952@N00/27100635471

Fotografierende Touristen
Clemens v. Vogelsang
flickr.com/photos/vauvau/11775239636/in/photostream

Kreuzfahrtschiff mit Touristen
Julien Belli
flickr.com/photos/julienbelli/30026459143

1. Der perfekte Urlaub zu Hause
   Marius Lengwiler
   flickr.com/photos/mle86/4939351988

2. Vorfreude
   rawpixel.com/image/8657

3. Bei Ankunft krank
   Kate Brady
   flickr.com/photos/cliche/12005045

4. Rent a German
   Visit Grand Island
   flickr.com/photos/greatergrandisland/20507517442

5. Irgendwann passiert bestimmt was Blödes
   Daniel Lobo
   flickr.com/photos/daquellamanera/293848920

6. Glückliche Zufälle
   Franck Michel
   flickr.com/photos/franckmichel/8056893482

7. Erinnerungen schaffen
   Stig Nygaard
   flickr.com/photos/stignygaard/6035942305

8. Kleiner Einsatz, große Wirkung
   Gareth Williams
   flickr.com/photos/gareth1953/9247485727/in/photostream

9. To Airbnb Or Not To Airbnb?
   Alper Çuğun
   flickr.com/photos/alper/28791618636/in/photolist-KSdz8S-oTLpLF

10. Ein Tag für mich allein
    Franck Michel
    flickr.com/photos/franckmichel/10204691156/in/album-72157623794920714

11. Arbeit und Vergnügen
    Andrew Mager
    flickr.com/photos/mager/2561681898/

12. Abschied vom Kitsch
    Zemlinki!
    flickr.com/photos/zemlinki/498465081/in/photostream

13. Echte Erfahrungen machen
    pxhere.com/en/photo/733463

14. In eine Stadt eintauchen
    Fabrizio Sciami
    flickr.com/photos/_fabrizio_/15221800008

15. Supermarkt-Safari
    flickr.com/photos/opengridscheduler/16918898859/in/photostream

16. Reisen für Fortgeschrittene
    John Morgan
    flickr.com/photos/aidanmorgan/7964542314

17. Der Duft der Erinnerung
    pexels.com/photo/blur-close-up-environment-incense-429918

18. Ein besserer Tourist
    flickr.com/photos/53556792@N07/28463649831

19. Perfect Strangers in a Capsule
    Jorge Royan
    commons.wikimedia.org/wiki/File:India_-_Kolkata_taxi_-_3771.jpg

20. Feste feiern
    GoToVan
    flickr.com/photos/gotovan/39634768404/in/album-72157679742361715

21. Oasen in der Wüste
    Davidlohr Bueso
    flickr.com/photos/daverugby83/4466043347

22. Randlagen
    b k
    flickr.com/photos/joiseyshowaa/3728426830

23. Den Alltag erleben
    rawpixel.com/image/90515

24. Du bist nicht allein
    Elizaveta Butryn
    commons.wikimedia.org/wiki/File:Montmartre,_Sacr%C3%A9-Coeur.jpg

25. Der Wiederholungseffekt
    ian mcwilliams
    flickr.com/photos/supermac/3956838224

26. Ein heroischer Willensakt
    pxhere.com/en/photo/714580

27. Mentale Souvenirs
    Marco Zanferrari
    flickr.com/photos/tuttotutto/350018608

28. Zurück in die Realität
    rawpixel.com/image/326873

Stadtansicht mit Riesenrad
pxhere.com/en/photo/548376

Reisende beim Planen
rawpixel.com/image/57227

Taxi
LawHoiKi
flickr.com/photos/lawhoiki/15704124991

Wohngebiet
pxhere.com/en/photo/1410720

Supermarkt
pexels.com/photo/assorted-bottle-and-cans-811108

DER AUTOR

Johan Idema (Jahrgang 1973) engagiert sich leidenschaftlich für Veränderungen in der Welt der Kunst. Er ist als Berater, Autor und Kulturunternehmer tätig. Seine Spezialgebiete sind Kreativprojekt-Entwicklung, Unternehmensplanung und Innovationsmanagement – außerdem mag er innovative Urlaube.

Johan Idema hat bei diversen Kulturinstitutionen gearbeitet, verfügt über umfassende Erfahrungen als Kunstberater und hält regelmäßig Vorträge. Zuletzt hat er u.a. veröffentlicht *Present! Rethinking Live Classical Music* (2011) über die Frage, wie klassische Live-Konzerte spannender und zugänglicher werden können, und *How to Visit an Art Museum* (2013), in dem er sich frei von Scheuklappen der Frage widmet, wie sich Museumsbesuche optimieren lassen.

Weitere Informationen auf:
www.johanidema.net

REGISTER

Die Zahlen geben die Kapitelnummern an.